中华人民共和国
70年70个
世界第一

★ ★ ★ ★ ★

南京大学华智全球治理研究院 北京大学党委政策研究室 组 编

姚 远 任羽中 主 编

钟飞腾 吴 浩 雷少华 赵光锐 副主编

★ ★ ★ ★ ★

70 World Records in 70 Years of the People's Republic of China

齊魯書社

图书在版编目（CIP）数据

中华人民共和国70年70个世界第一 / 姚远，任羽中主编. -- 济南：齐鲁书社，2019.10（2020.1重印）
ISBN 978-7-5333-4213-5

Ⅰ. ①中… Ⅱ. ①姚… ②任… Ⅲ. ①社会主义建设成就－中国－1949-2019 Ⅳ. ①D619

中国版本图书馆CIP数据核字（2019）第214751号

中华人民共和国70年70个世界第一

70 WORLD RECORDS IN 70 YEARS OF THE PEOPLE'S REPUBLIC OF CHINA

南京大学华智全球治理研究院　北京大学党委政策研究室　组编
姚　远　任羽中　主编
钟飞腾　吴　浩　雷少华　赵光锐　副主编

主管单位　山东出版传媒股份有限公司
出版发行　齊魯書社
社　　址　济南市英雄山路189号
邮　　编　250002
网　　址　www.qlss.com.cn
电子邮箱　qilupress@126.com
营销中心　（0531）82098521　82098519
印　　刷　山东星海彩印有限公司
开　　本　700mm × 1000mm　1/16
印　　张　14.5
插　　页　3
字　　数　210千
版　　次　2019年10月第1版
印　　次　2020年1月第2次印刷
印　　数　2001—4100
标准书号　ISBN 978-7-5333-4213-5
定　　价　38.00元

前言

受齐鲁书社委托，南京大学华智全球治理研究院和北京大学党委政策研究室组编了这本《中华人民共和国70年70个世界第一》，庆祝中华人民共和国成立70周年。

这是一本图文并茂、生动简洁的普及性读物。通过梳理总结70年来中华人民共和国创造的70项世界级成就，展示了中国制造、中国创造、中国建造的奇迹，用一系列“关键性指数”和“标志性成果”帮助读者全方位理解中国特色社会主义道路、理论、制度、文化，理解新中国的建立与发展对世界历史所产生的深远影响，理解我们从哪里来、要到哪里去、正在走一条什么样的路，从而树立“四个自信”。

1956年，毛泽东在纪念孙中山诞辰90周年时曾说过：“事物总是发展的。一九一一年的革命，即辛亥革命，到今年，不过四十五年，中国的面目完全变了。再过四十五年，就是二千零一年，也就是进到二十一世纪的时候，中国的面目更要大变。中国将变为一个强大的社会主义工业国。中国应当这样。因为中国是一个具有九百六十万平方公里土地和六万万人口的国家，中国应当对于人类有较大的贡献。而这种贡献，在过去一个长时期内，则是太少了。这使我们感到惭愧。”一个多甲子之后，我们回望新中国走过的风雨历程，可以告慰先人：过去七十年间，中国对于人类的贡献是“较大的”，而且将来一定会是“更大的”。中国人已经改变了近代以来的那种悲惨命运，一个古老的民族正在复兴，

“旧邦”之“新命”是任何力量也无法扼杀的，任何强权都不能剥夺中国的发展权。我们当然还需要始终保持谦虚谨慎的态度，但我们对这个世界、对过往的历史，不再需要“惭愧”了。我们的前景光明，我们的使命十分光荣。

70年的70个世界第一，不仅仅是物理意义上的数据，更是衡量一个国家经济社会发展的综合指标体系。只有在中国共产党领导下的社会主义中国，才能取得这样的发展奇迹——中国实现了“二战”后人类历史上最快速的持续经济增长、最大范围的全面工业化、最大规模的消灭贫困，这些都充分展现了中国特色社会主义制度的优越性。举一个例子，中国高铁不仅运营里程位居世界第一，还成功建造了世界其他国家所从未尝试过的高寒地带高铁（东北）和沙漠地带防风沙动车组（新疆）。高铁带动了许多欠发达地区的经济社会发展，使亿万中国百姓得到实惠。高铁不仅证明了中国技术、中国制造，更证明了中国强大的国家能力。

70年的70个世界第一，反映出中国历史悠久、幅员辽阔、人口众多等资源禀赋，也反映出中国社会的“超大规模性”——这是读懂中国的一个十分关键的概念，同时，还体现了新时代中国的不断创新。比如，世界第一自行车大国的称号在20世纪70年代末意味着中国城市交通的发展状况处在依赖自行车通勤的水平；而在今天，随着共享单车的兴起以及越来越多的城市开始倡导“绿色出行”和“慢生活”，这一称号则意味着共享经济、可持续发展理念已经融入中国的快速城镇化。又比如，贯通南北的大运河，是祖先留给我们的文化遗产，又是当今世界仍部分被使用的最大规模的受国家保护的水利工程。这体现了中国在保护人类遗产方面的先进理念。

习近平总书记指出，对改革开放前的历史时期要正确评价，我们不能用改革开放后的历史时期否定改革开放前的历史时期，也不能用改革开放前的历史时期否定改革开放后的历史时期。改革开放前的社会主义实践探索，为改革开放后的社会主义实践积累了条件；改革开放后的社会主义实践探索，是对前一个时期的坚持、改革与发展。本书所总结的这70个世界第一，充分说明了“前三十年”与“后四十年”的辩证统一的关系。中国今天的辉煌，是几代人“筚路蓝缕，以启山林”的结果，是几代人用血汗干出来的。这其中，既有前三十年自力更生、艰苦奋斗打下的坚实基础，又有后四十年改革开放、融入全球化进程所取得的崭新成就。前三十年的“世界第一”为后四十年的“世界第一”奠基，后四十年的“世界第一”则是前三十年“世界第一”的发展与升华。试想，如果没有前三十年快速消除文盲、普及教育，没有“一五”“二五”构建的工业体系，没有人工全合成结晶牛胰岛素、青蒿素、“两弹一星”等为代表的科技发现与发明，今天怎么可能在超级计算机、探月工程、深海探测、射电望远镜等高科技领域取得划时代的巨大成就？

2017年，哈佛大学政治学教授、哈佛燕京学社社长裴宜理（Elizabeth J. Perry）撰文指出，中华人民共和国在过去几十年间书写了经济和社会成就的辉煌纪录，这包括但不限于不断提高的识字率和人均预期寿命、世界第二大经济体的地位、世界领先的交通基础设施等，对此，需要“理解中国党和国家之所以能够获得这些辉煌成就背后的制度原因”。我们编写这本书，就是希望通过列举无可争辩的事实，让新时代的读者尤其是青少年读者更热爱我们的国家、更认同我们的制度、更清楚我们奋斗的方向。

在本书组编过程中，编委会成员姚远（南京大学）、任羽中（北京大学）、钟飞腾（中国社会科学院）、吴浩（北京外国语大学）、雷少华（北京大学）、赵光锐（南京大学）等，进行了多次讨论，确定了本书的写作目的、整体架构、写作风格。南京大学的吕婧雯、李睿、李炳田、吴凌青、常雨濛、陈意、甘心雨、李树婷和北京大学的曹宇、杜津威、吴雅文、潘聪平、赵颖、陈威、刘东奇、周伟涛、柴玥儿等参加了有关条目的撰写。由于编者水平有限，尤其是缺乏撰写普及性社科读物的经验，书稿内容难免有错漏之处，敬请广大读者批评。

本书编者

2019年8月13日

目录

01. 世界上最完整的现代工业体系

近代以来，人类的科技进步加速发展，科技力量曾帮助西方发达国家获得优势地位，也使发展中国家认识到发展科技的重要性。从19世纪后半叶起，中国一直都在试图发展工业，但唯有中华人民共和国的成立，才使中国建立和发展独立的工业体系成为可能。如今，完整高效的工业体系无疑是一个国家获得对外竞争优势的基石。经过七十年的奋斗，中国建立了举世无双的现代工业体系。

中华人民共和国成立伊始，就克服重重困难，实现了大规模的工业化起步，其标志是第一个五年计划中的“156项重点工程”，这是中国

国能庆安生物发电有限公司车间

工业化的里程碑。“156项重点工程”是第一个五年计划期间苏联援建中国的156个工业项目的总称，旨在帮助中国初步建立基础工业体系和国防工业体系骨架，以奠定中国工业化的基础。以这些工程为核心，以900余个限额以上大中型工程项目配套为重点，新中国形成了独立自主的工业经济体系雏形，建立了工业化的基础。

1964年12月，在第三届全国人民代表大会第一次会议上，周恩来根据毛泽东的建议，在政府工作报告中首次提出，在20世纪内，把中国建设成为一个具有现代农业、现代工业、现代国防和现代科学技术的社会主义强国，实现“四个现代化”目标的“两步走”设想。为了实现这个伟大的历史任务，中国的国民经济建设，从第三个五年计划开始分两步实施：第一步，建立一个独立的比较完整的工业体系和国民经济体系；第二步，全面实现农业、工业、国防和科学技术的现代化，使中国经济走在世界的前列。

改革开放以后，中国开始了中国特色社会主义现代化建设的伟大实践，中国工业从此插上了腾飞的翅膀，以前所未有的生机和活力快速发展。2018年9月4日，国家统计局发布的改革开放40年经济社会发展成就报告显示：2017年工业增加值接近28万亿元，按可比价计算，比1978年增长53倍，年均增长10.8%。现如今，中国已经从一个落后的农业大国转变为一个工业大国，建立了世界上最完备的现代工业体系，跃升为世界第一制造大国。

在联合国工业大类目录中，中国是唯一拥有所有工业门类制造能力的国家。据国务院发展研究中心研究员魏际刚统计，如今中国500种主要工业品中有220多种产量位居全球第一。中国成为工业大国的关键，在于形成了一个举世无双、行业齐全的工业体系。伴随着中国快速的工业化进程，中国制造业不断发展壮大，世界200多个国家和地区都能见到“中国制造”的身影。据世界银行数据显示，按现价美元测算，2010

年中国制造业增加值首次超过美国，成为全球制造业第一大国。

一个完整的工业体系，不但对一国的经济发展起着很大的助益，而且具有国家安全方面的重大意义。中国社科院研究员黄群慧认为，伴随着“一带一路”倡议的推进，中国这个和平崛起的大国的工业化进程引发的全球“外溢”效应，将进一步促进“一带一路”沿线国家产业升级、经济发展和工业化水平的提升，从而促进整个世界的工业化进程。

02.“二战”后世界上持续时间最长且仍在继续的中高速经济增长

第二次世界大战后，日本经济的高速发展为世界所瞩目。从20世纪60年代开始，中国香港、中国台湾、韩国和新加坡积极推行出口导向战略，在短时间内实现了经济腾飞，被称为“亚洲四小龙”。相比之下，中国大陆的经济“奇迹”则更加光彩照人。从1978年到2017年，中国国内生产总值以平均每年9.5%的高速持续增长。据世界银行的统计数据，中国的经济规模占世界经济的比重从1978年的2.3%提升至目前的14.9%。北京大学教授林毅夫认为，经济以这么高的速度持续这么长时间的增长，人类历史上不曾有过。如果要从字典里找一个词语来形容改革开放40年的成就，那么“奇迹”是最适合不过了。

1949年中华人民共和国成立以后，完成了农业、手工业和工商业的社会主义改造，经济体系开始建立起来。以煤炭、钢铁、石油等为代表的重工行业得到了迅速发展，上海、沈阳和武汉等一批重工业基地形成并不断壮大。但从人均经济指标来看，改革开放之初的中国仍然是世界上最贫穷的国家之一。按照世界银行的统计指标，1978年我国人均GDP只有156美元，而作为世界上最贫困的地区——撒哈拉以南的非洲，其人均国内生产总值都比当时的中国高。以津巴布韦为例，其1978年的人均GDP是627美元。与世界上其他贫穷国家一样，中国当时有81%的人口生活在农村，84%的人口生活在每天1.25美元的国际贫困线之下。当时的中国还是名副其实的农业大国，以内向型经济为主，出口只占国内生产总值的4.1%，进口仅占5.6%。出口商品以初级产品为主，75%以上为农产品或农业加工品。就是在这么薄弱的基础上，1978年到2017年，中国经济取得了连续39年平均每年9.5%的增长速度，在人类经济史上不曾有其他国家或地区曾以这么高的速度这么长时间保持国民经济的持续高速增长。

改革开放以来，中国对外贸易每年增长的平均速度达到14.5%，这也是“二战”后世界贸易史上的奇迹。2001年年底，中国加入世界贸易组织，积极践行自由贸易理念，全面履行承诺，大幅开放市场，在更广的领域中实现了互利共赢，体现了大国的责任与担当。加入世贸组织以来，中国的对外贸易迅速发展：2010年，出口额超过德国，跃居世界第一大出口国，且97%以上的出口产品为制造业产品，获得了“世界工厂”的称号；2013年，中国贸易总额超过美国，成为世界第一大货物贸易国。

据国家统计局统计，2018年中国GDP突破90万亿大关，增速继续在世界经济体中占居首位；中国对世界经济增长的贡献率接近30%，为世界经济增长最大的贡献者。在中国经济发展可观的数据背后，现今国际社会讨论更多的，是中国经济的转型和升级。中国经济已由以往追求数量与速度转为更注重经济增长的质量，高质量发展成为中国经济步入新常态的重要特征。中国未来的经济增长将更平衡、更可持续。

03. “数字经济”增速世界第一

近年来，中国数字经济迅速增长。2016年、2017年、2018年，中国数字经济同比增速分别达到21.51%、20.35%、17.65%，对GDP增长的贡献率分别达到74.07%、57.5%、60%。预计2019年中国数字经济增速仍将保持在15%左右，对GDP增长的贡献率将达到62.5%。美国第三方商业数据平台Statista预测，2019年中国电子商务和金融科技两个数字经济子行业的收入将分别达到7404亿美元和15855亿美元，远高于美国的5607亿美元与9789亿美元。这将是自2017年以来，中国连续三年在这两个领域的数字经济总量超越美国，位居全球第一。

根据“互联网女皇”玛丽·米克尔（Mary Meeker）的报告，2017年，中国在互动游戏、电子商务、电子支付和共享出行等领域都已成为全球体量最大的数字经济体。在数字经济各行业中，中国增速最快的是智能家居和电子旅游行业，美国增速最快的则包括智能家居、电子服务和电子商务。可见，智能家居行业已成为中美两国最受关注的焦点。在中国，智能家居市场两年增长了近5倍，大型互联网公司纷纷发力于家庭物联网，特别是在智能音箱市场，阿里、百度和小米近年来的增长格外迅猛。

与此同时，数字中国建设也取得重大进展。国家互联网信息办公室有关负责人表示，数字中国建设在进展和成效上主要体现在以下几个方面。一是网络基础设施建设跨越式发展。光纤宽带用户加速推进，截至2018年，中国光缆总长度达4358万公里，4G网络覆盖持续扩大，4G用户总数达到11.7亿户，全年净增1.69亿户。2016年至2019年，我国有序推进了5G技术规模商用的各项测试和准备工作。2020年至2030年，预计我国5G产业以及信息传播领域相关产业持续快速发展，并形成良好生产系统。二是大数据发展和应用加快推进。一批基础性、战略性的基础数据库已经建成并投入使用。三是数字经济蓬勃发展，有力助推供给侧结构性改革。截至2018年年底，中国数字经济规模达到了31万亿元，占GDP的三分之一。四是北斗三号系统基本建成并提供全球服务，包括“一带一路”沿线国家和地区在内的世界各地均可享受到北斗系统服务。

此外，电子政务建设取得重大突破。“放管服”改革下，“互联网+”助力政务服务，各地推进“最多跑一次”“不见面审批”等新模式；信息服务助力惠民便民业务，农村电商、网络扶贫等持续纵深发展。数字经济国际合作成果丰硕，中国率先提出的《G20数字经济发展与合作倡议》和《“一带一路”数字经济国际合作倡议》落地实施，信息基础设施共建共享、电子政务发展都取得了明显成效。

在推进数字中国的建设中，今后中国将加强核心技术突破，进一步增强自主创新能力，强化战略性前沿技术的超前布局，加快创新成果的转化。同时，推动信息基础设施优化升级，全面推动新一代信息基础设施建设，提高网络供给能力，进一步完善5G商用准备，全网络推动IPv6（互联网协议第6版）进程。另外，大力发展数字经济，进一步推动数字产业化和产业数字化，加快推动数字经济和实体经济的融合发展。

04. 世界第一大货物贸易国

70年来，中国从一个落后的农业国家发展成为全球第二大经济体，同时，中国也从全球贸易价值链边缘地带转变为国际贸易实际参与者乃至体系建构者。如今的中国，已经成为世界第一大货物贸易国。根据中华人民共和国海关总署有关报告，自2009年起，我国已连续9年保持全球货物贸易第一大出口国和第二大进口国地位，是名副其实的贸易大国。截至2017年，中国占全球进出口比重从1978年的0.77%提升到了10%左右，在全球货物贸易中的排名也由第30位跃升至第1位。与此同时，贸易结构也在不断改善，例如服务贸易快速增长。国家统计局的数据显示，2018年全年服务进出口总额52402亿元，比上年增长11.5%。这意味着，中国服务贸易国际市场的开拓也取得了很大突破。

中国对外贸易的蓬勃发展主要得益于改革开放政策的实施。1978年，中国出口额一举达到97.45亿美元，较上年增长了28.6%。尽管当年中国206.4亿美元的进出口总额只占全球份额的0.77%，却实现了具有重要意义的突破。以进口为例，那时中国一举签订了宝钢等22个引进先进技术和成套设备的项目。

北京大学教授余淼杰认为，中国对外开放的四十年，可以划分为三个阶段：广度开放、深度开放以及全面开放。1978年到2001年属于广度开放阶段，这体现在各种经济特区、经开区、工业园区、高新区乃至出口加工区的设立。2001年年底中国加入世贸组织（WTO）至2017年党的十九大召开之前是第二个阶段。一方面，加入世贸组织使中国出口产品面临更大的出口市场和更多的出口机会；另一方面，中国政府通过设立11个自由贸易试验区，进行新经济体制试点试验改革，大力提升了出口产品的质量。因此，这个阶段可以称为深度开放。中国经济与世界经济息息相关，全球贸易自由化对中国与世界各国的经济发展都至关重要。十九大报告中明确指出，“推动形成全面开放新格局”是中国在新经济形势下的重要任务。全面开放，主要是指要做好三项工作：扩大进口、建设自由贸易港以及建设粤港澳大湾区。

当前，中国提出要让经济全球化进程更有活力、更加包容、更可持续的主张，向世界宣示主动开放市场、助推经济全球化健康发展的坚定决心，体现了作为世界第二大经济体的责任与担当。“一带一路”正在成为推动新型国际合作的重要平台，其经贸合作成效日益显著。中国秉持共商共建共享的全球治理观，不断加强“一带一路”沿线国家和地区经贸合作的深度与广度。国家统计局公布的一项数据显示：中国对主要贸易伙伴进出口数额全面增长。2018年，对“一带一路”沿线国家进出口总额83657亿元，比上年增长13.3%。其中，出口增长7.9%，进口增长20.9%，成为拉动中国外贸发展新动力。

05. 外商直接投资（FDI）流入最多的发展中经济体

据联合国贸易和发展组织发布的《2018世界投资报告（中文版）》显示，2017年中国外商直接投资（FDI）流量达到历史最高水平，继续蝉联发展中国家最大FDI接受地，同时也是世界第二大FDI接受地，仅次于美国。而联合国贸发组织2019年1月21日发布的《全球投资趋势监测报告》也显示，中国是全球第二大外资流入国以及外资流入最多的发展中经济体，2018年中国吸收外资约为1420亿美元，增长了3%。据中国商务部数据统计，2018年1—12月，全国新设立外商投资企业60533家，同比增长69.8%；实际使用外资金额1349.7亿美元，同比增长3%（折8856.1亿元人民币，同比增长0.9%）。

根据商务部数据统计显示，2018年我国服务业新设立外商投资企业53696家，同比增长78.6%；实际使用外资金额918.5亿美元。制造业新设立外商投资企业6152家，同比增长23.4%；实际使用外资金额411.7亿美元。农、林、牧、渔业新设立外商投资企业639家，同比增长10.4%；实际使用外资金额7.1亿美元。新加坡、韩国、英国、日本、德国、美国、荷兰等国家，成为中国吸收外商直接投资的重要来源地。根据2018年的统计，对华投资前十位的国家和地区实际投入外资总额1284.6亿美元，占全国实际使用外资金额的95.2%。

中国之所以能够大量吸收外资，不仅得益于改革开放的政策，也得益于经济全球化。从中国自身来看，中国在改革开放伊始就鼓励吸

中国现在是世界第一大外国直接投资（FDI）的流入国

引外资，这一政策转变比绝大多数发展中国家都要来得早。而且，中国拥有极具潜力的广大市场和素质较高的庞大劳动力群体。从地区角度看，在中国改革开放进程中，东亚始终是全球经济发展的高速增长地带，地区生产网络高度发展。从全球角度看，当时发达国家正进入新一轮产业转移的阶段，跨国公司需要在全球寻找合适的生产基地和加工场所。中国的独特优势、东亚地区生产网络，加上全球政治经济的变革，共同创造了中国吸引外资的奇迹。改革开放后的20多年里，中国吸收的FDI数额相当于日本战后50年的10倍，中国逐渐成为发展中经济体中外资流入最多的国家。

联合国贸易和发展组织企业贸易投资司司长詹晓宁指出，如今全球贸易80%是由跨国公司的全球价值链来实现的。跨国公司全球产业链的扩张是靠外商直接投资来实现的，外商直接投资已成为全球经济的一个重要指标。不仅如此，外商投资企业一般会利用国内、国际两个市场和资源，通过关联交易、资金调度等方式谋取最大化利益，而中国有世界上最大的和发展最快的市场，这不仅包括产品和服务的市场，还包括发展前景良好的资本市场。

需要提及的是，近年来中国吸收外资的良好成绩与中国企业对外直接投资的发展也有密切关系。中国已经成为全球外商直接投资的重要来源国，累计对外直接投资1.9万亿美元，仅次于美国，列世界第二。目前中国显现出了一批富有国际竞争力的企业，深嵌在全球生产网络中，形成了双向投资格局。

06. 当今世界唯一没有出现系统性金融危机的主要经济体

自人类社会步入近代以来，金融危机如同市场经济的影子一样长期伴随其左右。美国著名学者金德尔伯格（Charles P. Kindleberger）以1522年至1987年的465年为时间尺度，编写了金融危机时间表，显示出金融危机每隔约10年就会爆发的周期性特征。其中，大规模、系统性的金融危机（如1929年的金融危机和2008年的金融危机）都对世界政治经济格局产生了重要影响。短期来看，系统性金融危机爆发后最直接的表现是，金融市场紊乱、股市大跌、经济持续低迷不振、物价上涨、货币贬值、失业率增加，从而造成社会的动荡。长远来看，系统性金融危机使世界完成了新一轮的权力和资本分配。世界上许多发达国家，都在历次金融危机中遭受过重大打击，并引发了严重社会问题。在当今世界的主要经济体之中，中国是唯一没有出现系统性金融危机的国家。

金融危机，是货币和金融市场的全面混乱和动荡，是货币金融系统的综合性危机，它可以由货币危机引起，也可以由金融自身或其他经济发展方面的因素引起（据《世界经济学大辞典》）。系统性的金融危机则是整个金融经济领域的严重混乱，使国民经济出现严重的倒退和损伤。近百年来，对于人类社会造成巨大灾难的系统性金融危机有两次。一次是1929年的“大萧条”，另外一次是2008年美国次贷危机引发的全球金融海啸。两者相比，前者的破坏性要更为严重。刘鹤在《两次全球大危机的比较研究》中指出，两次危机爆发的背景都是在重大的技术革命之后，世界经济经历了一段时期的繁荣兴盛；危机爆发的前兆是收入分配差距过大。发达国家的民粹主义政策是推手，同时大众都有着极端投机暴富的心理，加之泛滥的信贷政策使得经济泡沫恶性膨胀，最终导致经济泡沫破裂、金融危机爆发并影响全世界。

金德尔伯格指出，世界经济大萧条的根本原因在于国际公共产品的缺失，这是1929年金融危机爆发的重要原因。而引发2008年金融危机的原因，著名经济学家拉古拉迈·拉詹（Raghuram Rajan）则借用地质学中的术语“断层线”来解释。当地壳岩石承受的压力超过其本身强度之后，就会发生断裂、出现断层，地震往往就沿着断层线发生。他认为，美国收入差距和美国国内政治之间的冲撞、国际收支失衡以及不同金融体系之间的碰撞导致了美国金融危机的发生，继而引发全球金融海啸。

1978年改革开放以来，中国经历过两次较大金融经济危机的间接影响，但是都经受住了国际形势的考验。一是1997年7月起，始于泰国、

中国人民银行总部

迅速扩散到整个东南亚并波及世界的东南亚金融危机。在东南亚各国遭受经济危机的情况下，中国不可避免地受到金融危机的间接影响，但是由于当时中国并未使资本市场完全开放，对国际资本流入仍进行严格控制，从而避免了国际大炒家的投机行为，再加上中国渐进的改革模式与有序的金融监管、雄厚的外汇储备，这些都使中国成为东南亚金融经济危机中受影响最小的国家。二是2008年始于美国次贷危机的世界经济危机。整体而言，相对于东南亚金融危机，中国在这次危机中受到了更大的影响，但是中国的经济仍保持着较高速的增长。中国国家统计局数据显示，这次危机发生后的三年，中国GDP增长率分别为9.7%、9.4%、10.6%，中国对危机后世界经济的恢复作出了突出贡献。

北京大学教授林毅夫指出，改革开放至今，中国没有出现过金融经济危机，不仅如此，当其他国家出现金融经济危机的时候，中国还对其他国家的稳定和复苏作出了巨大贡献。现在，中国经济正处于结构性改革中，在保持经济稳定发展的同时提高质量，也正在变得更加开放包容。

07. 世界上最大规模的外汇储备

外汇储备是指由一国货币当局持有的、可随时获得并用于满足国际收支融资需求、外汇市场汇率干预需求以及其他相关目的（如确保外界对本国经济和本币拥有信心、国际借贷的担保等）的资产，并且这种资产必须是确实存在的，其形式主要为国外银行存款和外国政府债券等。1994年中国外汇管理体制改革以后，中国的外汇储备规模不断增长。2006年2月，中国外汇储备达到8537亿美元，首次超过日本，成为世界外汇储备量第一大国。截至2018年年底，中国积累30727亿美元的外汇储备，仍居世界第一位，达到外汇储备量第二大国——日本的两倍以上。

外汇储备是中国改革开放和对外经济发展成就的客观反映。2017年，国家外汇管理局局长表示，21世纪以来，中国的外汇储备规模变化具有明显的阶段性特征：第一个阶段是2000年至2013年，伴随着国际资本高强度流入新兴经济体，中国外汇储备快速增长，从2000年初的1547亿美元，迅速攀升至2013年末的3.82万亿美元，年均增幅在26%以上。第二个阶段是2014年以来，伴随着国际资本开始从新兴经济体流出，中国外汇储备在2014年6月份达到历史峰值后出现回落，外汇储备增速迈向平稳，国际收支呈现基本平衡的态势。

充裕的外汇储备在宏观政策调控、服务国家战略、吸引外商投资

中国外汇储备世界第一

和实现“藏汇于民”等方面发挥了重要作用，促进了中国经济的健康发展。首先，外汇储备很好地服务了对外开放战略大局。外汇储备的多元化运用，为中国和世界经济发展提供了大量资金支持。其次，外汇储备是中国宏观经济稳健运行的重要保障。外汇储备被视作宏观经济的稳定器，其在国际支付能力、防范金融风险等方面都起到不可替代的作用。再次，中国持有的高额外汇储备，增强了中国的综合国力，有利于增强外商对中国经济的信心，吸引外商投资和提升对外融资能力，发展中国经济。最后，从对世界经济的影响方面来看，中国中央银行向市场提供流动外汇，有效遏制了汇率超调和“羊群效应”所引发的不稳定性，使中国在汇率的灵活性和稳定性方面保持平衡，有效避免了人民币汇率无序调整对全球金融市场的负面溢出效应和主要货币的竞争性贬值。

在全球经济增长分化、金融市场波动性明显加大背景下，我国人民币和汇率市场预期总体平稳，国际收支和资金跨境流动保持平衡状态。即使当前外部环境中尚有不确定因素，我国经济金融整体呈现稳中向上的良好形势。国际金融市场上货币和资产价格盈亏互补的表现，加上中国外汇储备的多元化布局，将会带来较好的分散化效果，从而有利于外汇储备规模保持平稳。综合来看，未来中国外汇储备规模将在波动中逐步趋于稳定。

国家外汇管理局负责人撰文指出，外汇储备管理和运用以服务中国和世界经济发展为己任。外汇储备将更好地把国内发展与对外开放统一起来，把中国发展与世界发展联系起来。外汇储备的多元化运用，可以保障“一带一路”、国际产能等重点领域的必要资金，并为中国与其他国家的共同发展提供资金支持。

08. 移动支付交易规模世界第一

移动支付方兴未艾，迅速普及

随着“互联网+”战略的深入推进，一系列经济新业态为国民经济增长注入新动力。移动支付作为互联网和经济社会各领域跨界融合和深度应用的范例，渗透在现代中国人生活的方方面面。在今天的中国，无论是购物还是缴费，甚至乘坐公共交通工具都可以通过手机扫描二维码完成，“无现金”的生活方式已然成为现实。国家统计局公布的数据显示，到2017年中国移动支付交易规模超过81万亿元，位居全球之首；使用手机支付的网民规模达5.27亿人，较2012年增加4.72亿人。移动支付迅速风靡全国，新时代无现金社会正在形成。国家统计局的报告显示，2014—2017年，银行业金融机构处理移动支付业务金额年均增长114.2%，非银行支付机构发生的网络支付业务金额年均增长92.6%。

移动支付的崛起，其背后是银行体系的不断创新和电信设施的不断进步。在计划经济时代，中国人民银行既是“中央银行”，也是“商业银行”，此时的中国还没有市场化的金融体系。改革开放带来了银行体系的改革。从1984年起，中国人民银行专门行使中央银行职能，同时分设中国工商银行、中国建设银行、中国银行、中国农业银行四大专业银行来分管信贷投资等业务，可以说此时新中国才开始具备金融体系的雏形。在支付方式创新上，1985年中国银行珠海分行发行了国内第一张人民币信用卡——中银卡，1986年中国银行又发行了第一张可在全国范围使用的信用卡——长城卡。在支付技术创新上，招商银行最先涉水互联网。1995年，招商银行推出“一卡通”业务，一张银行卡具有一卡多户、通存通兑、自动转存、自助转账等23种功能。两年后，招商银行又推出“一网通”。这是中国金融行业开始正视信息时代到来的一次实践，开始将客户的资金从纸质存折转移到磁条银行卡以完成信息化和数字化，从而脱离实体货币。经过多年的探索，中国银行业逐步构筑了包括自助银行、远程银行、手机银行、微信银行、APP平台等在内的网络服务体系，为开启一套领跑于世界的全新支付体系打下了基础。

传统的现金交易被微信和支付宝等便捷的移动支付所取代。这是贴在某市一家水饺店窗口玻璃上的微信、支付宝二维码。

移动支付手段并不是中国首创。在如今驰名全球的淘宝出现之前，美国的电商平台eBay的移动支付技术已经非常成熟。作为后来者的支付宝必须区别于传统金融业的服务项目，才能在市场竞争中占据一席之地。因此支付宝不再是单纯的收付款方式，而是作为负责为买卖双方提供担保交易应运而生的电子收银台，真正开启了移动支付的时代。支付宝在2010年推出了快捷支付功能，客户只要将银行卡绑定支付宝的快捷支付，就能脱离网上银行在支付宝上直接完成支付。另一方面，对于银行而言，这种快捷支付平衡了风险和便捷，与支付宝合作的银行数量迅速达到上百家。

移动支付成为现代人十分依赖的生活方式，它的背后更是有着传统文化作为推手。春节“红包”一直是中国传统文化中传递美好祝福，表达亲朋好友之间关心的重要载体。红包里钱财数量可多可少，人们在交换红包中完成人际交往。而“红包”这种饱含人文气息的传统文化概念，在2014年春节完成了将支付流通和社交网络联结的蜕变。微信支付从红包开始把移动支付推向前所未有的普及度。对于大量原本不愿意尝试移动支付的客户群来说，用微信收发红包的过程就是绑定银行卡和学习收付款的过程，将传统文化的人际交往转变为依托社交关系链的支付形式，潜移默化地完成了世界上最大的群体客户教育。

移动支付已被广泛应用，上至星级宾馆，下至流动摊贩。这是济南一家名叫“单良水饺”饺子馆的移动支付二维码。

作为中国移动支付代表的支付宝也已经开始走上世界舞台，诞生之初的支付宝只是为买卖双方提供担保交易应运而生的电子收银台，到2014年第二季度开始就成为全球最大的移动支付商。支付宝与国内外180多家银行以及VISA、MasterCard等国际机构建立战略合作关系，成为金融机构在电子支付领域最为信任的合作伙伴。从2015年2月开始，支付宝在韩国、中国香港、菲律宾、泰国、马来西亚、印度尼西亚、孟加拉国、印度、巴基斯坦等9个国家和地区，以“1+9”的模式，服务于全球8.7亿用户。2018年4月26日，中国支付清算协会发布的《中国支付清算行业运行报告（2018）》中显示，2017年中国人的移动支付占比已逾73%，其中互联网支付的跨境发展迅速，占比已经高达64%；从支付机构和银行机构所服务的境外客户看，他们大部分是在亚洲，其次是在欧洲。

如今，移动支付早就广泛应用于生活中的各个领域，巨大的市场潜力定会吸引更多行业加入，跨行业的广泛合作是必然趋势。传统金融业、通信业、互联网行业甚至交通运输业，在移动支付的联结下，开始形成完整的商业链。如今中国则率先在这样新兴的商业链中探索发展道路，而这条发展道路也许能为今后经济全球化的发展提供新的动力。

09. 世界上最大的小商品批发市场——义乌

2005年，联合国、世界银行、摩根士丹利等世界权威机构联合发布的一份有关中国发展的报告，称义乌为“全球最大的小商品批发市场”。义乌小商品批发市场，又叫中国小商品城，位于浙江省中部的义乌市，现拥有营业面积470余万平方米、商位7万个、从业人员21万多人，日均客流量21万人次，经营16个大类、4202个种类、33217个细类、170万个单品，是国际性的小商品流通、信息、展示中心。同时义

世界小商品之都义乌

乌小商品批发中心也是中国最大的小商品出口基地，商品已出口到200多个国家和地区，年出口57万多个标准集装箱，外贸出口占65%，外国企业常驻代表机构达3059家，居全国县域首位；联合国难民署、外交部等机构在义乌建立采购信息中心，有83个国家和地区在此设立进口商品馆。义乌小商品批发市场“买全球货，卖全球货”的格局已初步形成。另外，该市场作为全球最大的小商品批发市场，每年都吸引众多游客，成为中国首个AAAA级国家购物旅游景区，仅2018年就吸引2130.6万多人次来此旅游观光购物。

1982年，义乌县开始允许农民经商或者从事长途贩运，同时开放城乡市场，并且允许多渠道竞争，合法疏导民间自发形成的路边市场，这标志着义乌市场迈出发展的第一步。1984年，义乌县提出兴商建县，12月6日，义乌第二代市场——新马路市场建成，并正式更名为义乌小商品市场。在改革开放初期全国其他县市仍然保持计划经济思维惯性的时候，义乌先行一步，开启了经济社会制度创新的大幕。20世纪90年代，义乌面临全国同类市场激增，以及义乌市场产业支撑不足的双重挑战。当地政府适时实施以商促工、贸工联动战略，以市场化带动工业化，在推动市场设施不断升级换代的同时，逐步形成了与专业市场紧密联动的工业产业体系。得益于“义乌制造”与“义乌市场”齐头并进，义乌商品经济多年来持续繁荣。

进入21世纪后，国际化成为推动义乌经济社会发展的新动力，市场国际化发展的影响力进一步凸显，义乌提出并建设国际小商品交易市场，使得义乌市场在激烈的竞争中仍然保持优势地位。义乌市场选择了错位发展的国际战略，在以美、日、欧传统市场为主的国际贸易企业遇险受困时，义乌市场将目标转向了四大新兴市场，即金砖国家市场、非洲市场、南美市场、东盟市场，同时依托“一带一路”倡议带来的战略机遇，开发沿线潜在市场。据统计，当2015年全国出口同比下降1.8%

之时，义乌出口仍同比增长42.82%，总额达338.6亿美元，约占全国出口额的1.48%。

信息时代的到来再一次革新了消费方式，互联网购物的兴起为零售商打开了新的销售渠道。这种与传统购物截然不同的交易模式缩短了消费者与零售商之间的距离，也为零售商和供货商提供了更高效的信息反馈方式。经营管理义乌小商品城的浙江中国小商品城集团提出，要顺应经济发展的潮流，不能被传统市场的销售路径束缚，所以该集团积极推动网络销售和实体供货相互融合，提供各种平台培训商户，并且为7.5万商户提供了便利的网络平台“义乌购”。“义乌购”网络销售平台提供在线商品近300万种，日均独立用户访问量达15万人次。在义乌，同时经营实体店铺和网络销售的商家越来越多。2016年，“义乌购”在线总交易额突破60亿元，线下撮合交易400多亿元。义乌市场不仅是电商聚

义乌港。也叫义乌内陆口岸场站，是义乌“大通关”建设的重要基础设施，对完善国际商贸名城功能具有重要意义。

集地，也是网货供货地。据统计，境内零售网商70%的商品和批发网商80%的商品均来自义乌。

小商品的特性造就了中国在小商品市场领域的强大优势和竞争力。支撑在小商品市场背后的是不亚于大型现代企业的成本控制能力、规模化的销售、低成本的物流，以及由此取得的极强的价格竞争力，这些打出了“中国制造”物美价廉、品种齐全的品牌效应，开拓了广阔的国际市场。同时，义乌的小商品批发市场在很大程度上解决了当地的就业问题，对义乌地区社会的稳定发展起了很大的促进作用。义乌模式的成功，带动的不仅仅是义乌本地的经济、社会等的发展，对其整个周边地区也起到了强大的辐射带动作用。

10. 人类历史上最大规模的城镇化

城市是人口等生产要素和非农产业的集聚地，是人类经济社会活动的重要空间载体。城镇化是现代化的必由之路，一个国家的城镇化率是衡量一个国家和地区发展的重要指标。1978年，中国的城镇化率只有17.92%，远低于38.48%的世界平均水平。改革开放以来，中国城镇化速度加快，2018年中国城镇化率已达到59.58%，已经超过世界平均水平，城镇常住人口超8亿，40年里平均每年约增长1%，约为世界城镇化速度的2倍。中国发生了人类历史上规模最大、速度最快的城市化进程。

中国科学院院士陆大道指出，城镇化率从20%升至40%的这段“路程”，英国走了120年，法国走了100年，德国走了80年，美国走了40年，苏联走了30年，日本走了30年，而中国只走了22年。一个13亿多人口的大国用了如此短的时间实现如此伟大的成就，这是世界城镇化发展史上的奇迹，也是“中国速度”的显示。中国的城镇化正是坚持以人为本的思路，避免了其他发展中大国的“贫民窟”现象，通过全面提升农民的收入水平为世界脱贫事业作出了巨大的贡献，也增强了人民的获得感。今天，中国城市化进程还存在区域发展不均衡、城市规划不合理、产业结构不协调等问题。正如联合国前秘书长潘基文的特别经济顾问、美国经济学家杰弗里·萨克斯（Jeffrey Sachs）所说，中国城镇化的速度甚至超过了中国经济发展的速度，也面临很多挑战。

中国大城市鳞次栉比的写字楼吸纳了大量的城市就业人口

2013年12月12日，中央城镇化工作会议在北京召开，这是中华人民共和国成立以来的首个城镇化工作会议，在中国现代化进程中具有标志性意义。这次会议指出城镇化与工业化一道，是现代化的两大引擎，必须与信息化、农业现代化同步推进。会议明确了城镇化的目标和方向，突出了以人为本和提升质量为上的两大核心，肯定了城镇化是一个自然历史过程，是中国发展必然要遇到的经济社会发展过程，强调要守住耕地红线、生态红线、城市开发边界线和资金保障生命线这四条红线，同时优化城镇化布局和形态，走集约、智能、绿色、低碳的中国特色新型城镇化道路。2014年3月，中国政府印发《国家新型城镇化规划（2014—2020年）》，提出要走中国特色新型城镇化道路，全面提高城镇化质量。2014年5月，中国政府与联合国经社理事会发布了中国城镇化的报告，也意味着中国的经验为世界可持续发展作出了新的贡献。

上海交通大学和北京交通大学共同发布的《2016～2020中国城镇化率增长预测报告》显示，预计2020年中国城镇化率将达到63.4%。中国的城镇化将在“中国速度下”日新月异。中国的城镇化不仅受到国内各界的高度关注，海外各国也习惯了将目光聚焦于中国正在推进的“史上最大规模的城市人口增长运动”。联合国人居署执行主任霍安·克洛斯（Joan Clos）表示，以前的城镇化水平所对应的人均GDP和现在的不一样，现在人均GDP是三千到五千美元，所以城镇化规模已是有史以来最大。世界上规模最大的城镇化在中国。中国的城镇化不仅有力推动了中国经济的快速发展和社会进步，也为世界经济发展扩大了红利并提供着中国经验。

11. 人类历史上最大规模的消灭贫困

消灭贫困是世界性难题。长期以来，中国一直致力于消除贫困，实现联合国千年发展目标中的减贫目标。按照世界银行极端贫困标准，1981—2014年中国有8亿多人口摆脱极端贫困，极端贫困发生率从88.38%下降到1.36%。按照中国的官方扶贫标准，1978—2017年农村贫困人口减少7.4亿人。以全球多维贫困指数衡量，2014年中国多维贫困发生率下降到4%。由此可见，中国的减贫成就十分显著。世界银行行长金墉曾评价中国扶贫事业是“人类历史上最伟大的事件之一”。

1986年，我国首次将扶持贫困地区摆脱落后状况列为五年计划重要内容，并一直持续至今。1994年，国务院制定了《国家八七扶贫攻坚计划（1994—2000年）》，这是中国历史上第一个有明确目标、对象、措施和期限的扶贫开发行动纲领。2001年，国务院又制定了《中国农村扶贫开发纲要（2001—2010年）》，指导农村扶贫开发工作。2011年，中共中央、国务院印发了《中国农村扶贫开发纲要（2011—2020年）》，鼓励和帮助有劳动能力的扶贫对象通过自身努力摆脱贫困，把社会保障作为解决温饱问题的基本手段，逐步完善社会保障体系。政府主导扶贫资源的组织和动员，中央和地方政府将农村扶贫开发和城市社会保障作为重要的财政支出项，并充分动员社会力量参与扶贫。此外，政府利用行政组织系统主导扶贫资金的分配和项目的实施，保证了扶贫政策、措施以及各项扶贫投资能够迅速在全国范围内实施。

习近平总书记在2013年11月于湖南湘西考察时，首次提出“精准扶贫”重要思想。精准扶贫注重抓六个精准，即扶贫对象精准、项目安排精准、资金使用精准、措施到户精准、因村派人精准、脱贫成效精准，确保各项政策好处落到扶贫对象身上。中国政府制定了一系列力度大、针对性强的重大举措，以2020年实现农村贫困人口全部脱贫为目标，开展了规模空前的减贫行动。包括责任、工作、政策、投入、帮扶、社会动员、多渠道监督以及最严格考核评估在内的一整套体系，构成了中国反贫困斗争的“四梁八柱”。合理的政府扶贫组织系统及职能分工，有效的监督机制等方面的制度安排，是确保扶贫效率的关键因素。与此同时，社会各层面的积极配合、锐意创新亦是中国减贫事业的关键一环。2014年起，中国政府把每年10月17日设立为中国的“扶贫日”，并为包括民营企业、民间机构、公益组织、个人等在内的社会各方面力量参与扶贫开发搭建制度平台。

社会各方面力量积极参与到减贫事业中：社会团体、国有企事业单位参与定点扶贫，发达地区政府参与对口扶贫……与中央政府一样，有关省、区、市、县政府动员其下属的机构和辖区内的企事业单位和社会团体参与扶贫工作。可以说，扶贫在中国已经成为全社会参与程度最高的社会工作领域。广泛的社会动员一方面带来了大量的政府预算外的资金和其他资源，另一方面也为政府扶贫工作的改革和创新提供了可资借鉴的经验。东部发达地区对口帮扶西部贫困地区，双方在企业合作、项目援助、人才交流等方面开展多层次、全方位的扶贫协作；党政机关和大型企业事业单位定点帮扶贫困地区；非公有制经济和民间力量通过希望工程等多种形式的扶贫项目支持贫困地区；中国金融机构向国家扶贫开发工作重点县和省级扶贫工作重点县发放各项扶贫专项贷款。社会力量积极参与扶贫开发，形成了政府、市场、社会协同推进的扶贫格局。

减贫治理的成功之处在于持续的政治决心和强大的组织动员能力，从而使扶贫工作能够快速、大规模、持续地展开。国家统计局发布的最新数据显示，中国2018年年末全国农村贫困人口1660万人，比上年末减少1386万人；贫困发生率1.7%，比上年下降1.4个百分点。联合国《2015年千年发展目标报告》显示，中国极端贫困人口比例从1990年的61%，下降到2014年的4.2%，中国对全球减贫的贡献率超过70%。联合国常务副秘书长阿明娜·穆罕默德（Amina Mohammed）认为，消除贫困是当今世界面临的最大全球性挑战，过去几十年来，中国减贫取得巨大成就，中国的成功为其他发展中国家实施联合国2030年可持续发展议程提供了多重经验。

12. 世界上最大规模的地震灾后重建

2008年5月12日14时28分，四川省汶川县发生里氏8.0级特大地震，使全球震惊。汶川特大地震是中华人民共和国成立以来破坏性最强、救灾难度最大的地震，造成接近7万同胞遇难，数千万人受灾，10多万平方公里土地上满目疮痍，直接经济损失高达8000多亿元。在最初的生命救援结束后，汶川面临更严峻的问题：群众没有住房，学生无法上学，企业生产停滞……世界都在看中国如何应对。灾后重建成为历经30年改革开放的中国面临的一场严峻考验，是一项“世界性难题”。中国人民

北川旧县城

不畏艰险、百折不挠，经过几年的恢复重建，使震区面貌焕然一新。如今39个重灾县年GDP是十年前的3倍多，39个重灾县城镇居民人均可支配收入超过3万元，是2008年的2.9倍。这场重建成为世界上规模最大的地震灾后重建。

如何应对灾难，考验着一个国家和民族的韧性。中国举全国之力，开展灾后重建工作。2008年6月8日，国务院发布《汶川地震灾后恢复重建条例》，保障了汶川地震灾后恢复重建工作的有效开展。6月18日，国务院颁布执行《汶川地震灾后恢复重建对口支援方案》，正式提出“一省帮一重灾县，几省帮一重灾市（州），举全国之力，加快恢复重建”的援建方案，使全国近三分之二的省市迅速行动起来，加入灾区重建工作中。来自四面八方的援建者怀着对灾区人民的深情，背负着神圣

北川新县城

使命，奔赴灾后重建的战场。灾区人民与援建者一起，不畏万难，为生者点燃希望，重建家园。

从废墟迈向新生，这是一次人类灾后重建的成功实践。“一方有难，八方支援”，汶川特大地震发生后，全国上下齐心协力，汇聚成抗震救灾和恢复重建的强大力量。在极短时间内，人力、物力、财力等资源快速集结、有效配置，彰显了中国社会主义制度的优越性。汶川县水磨镇是汶川大地震灾后重建第一镇，2010年被全球人居环境论坛理事会和联合国人居署《全球最佳范例》杂志评为“全球灾后重建最佳范例”。在汶川大地震中，水磨镇损失惨重，全镇近百人遇难，房屋基本损毁，基础设施损坏殆尽。灾后，广东佛山对口援建水磨镇，使一座洋溢着浓郁西羌民族特色的新城拔地而起，为灾民建造了一座幸福家园。北川羌族自治县为汶川大地震中受灾最严重的区域之一，如今，新北川县城高楼林立，各种公共设施基本完善，是汶川地震后唯一一座整体异地重建的县城，老北川县城遗址已成为人们纪念抗震救灾的场所。四川省统计局2018年5月发布的《“5・12”汶川特大地震10年重灾区经济发展报告》指出，10年来，汶川地震39个重灾县（市、区）地区生产总值按可比价格计算，年均增长11.8%，比全省年均增速高0.8个百分点。

灾后重建不仅要满足人民群众的生存条件和物质需求，更要关注精神家园建设，抚平群众的心灵创伤。汶川地震使许多人的生活瞬间被改写，心理创伤绝非短期可以愈合。据不完全统计，四川震区有1000多万人受到心理创伤，需要得到有效且持续的心理救援。如何抚慰灾区群众遭受重创的内心是灾后恢复重建中的持久“隐性工程”。中国科学院心理研究所所长张侃认为，灾后心理重建是一个长期的系统工程，它的恢复远比房屋、道路等硬件设施的重建工作艰巨得多。震后一大批心理医生第一时间到灾区开展心理治疗和服务，众多民间组织和社会工作者也在努力帮助灾区人民重建精神家园。

无论是物质重建还是精神重建，汶川灾后重建的宝贵经验为国际社会开展灾后恢复重建工作提供了有益经验和启示，正如联合国开发计划署南南合作项目专家所言，四川的灾后重建与发展给全世界提供了一个很好的范本。天灾难以避免，但可以有效防御。2017年1月，《中共中央　国务院关于推进防灾减灾救灾体制机制改革的意见》发布，对防灾减灾救灾体制机制改革作了全面部署。2018年4月16日，中华人民共和国应急管理部正式挂牌。从汶川到青海玉树，中国的地震应急救援体系经过重重考验，不断健全完善，推动着救灾效率的提升。

13. 世界上最大规模的周期性普查

普查是一个国家或地区针对某类统计主体的全部单位，按照统一的普查方案和工作流程，在统一的标准时点，组织开展的大规模的全面调查，以全面准确地了解某项重大国情和国力状况。周期性普查是以5年或10年为周期定期开展的普查。中国现行周期性普查包括全国人口普查、全国农业普查和全国经济普查，是世界上最大规模的周期性普查。

中国持续实施世界上最大规模的周期性普查

中国的普查工作经历了从无序进行到建立制度、从单项到多项、从不定期到实施周期性普查的发展过程。20世纪90年代，国务院提出在中国建立起一个以周期性普查为基础、经常性抽样调查为主体、重点调查与科学核算为补充的多种方法综合运用的国家统计调查方法体系。国家统计局于1994年正式建立了周期性的普查制度，先后开展了人口普查、工业普查、农业普查、第三产业普查和基本单位普查工作。为了更好地发挥周期性普查在中国统计调查体系中的作用，在总结第一轮普查经验的基础上，中国于2003年发布《关于调整国家普查项目和周期安排的通知》，提出了对新一轮普查的初步改进意见，决定将工业普查、第三产业普查和基本单位普查合并统一进行，称为经济普查。其中，10年5项6次普查调整为10年3项4次普查。人口普查和农业普查每10年一次，分别在尾数逢0、6的年份进行；经济普查每10年进行2次，安排在尾数逢3、8的年份实施。国家普查项目调整后，不仅在数量上有所精简，而且在周期安排上也更趋合理，这表明中国普查工作正进一步朝着制度化、法制化方向发展。

全国人口普查是世界各国广泛采用的搜集人口资料的一种科学方法，是提供全国基本人口数据的主要来源。就具体工作来说，它是对全国人口进行的一次全面调查登记，以查清全国人口的总量、结构和分布情况以及全国人口的社会、经济、文化特征。中华人民共和国成立以来，先后进行了六次全国性人口普查，人口普查的对象是在中华人民共和国境内居住的所有自然人。以2010年11月1日零时为标准时点的第六次全国人口普查，经过近千万普查人员的奋力拼搏和13亿各族人民的积极参与，顺利完成现场登记、复查和事后质量抽查等工作。这次人口普查登记的全国总人口为137053.7万人。

全国农业普查是按照国家规定的统一方法、统一时间、统一表式和统一内容，主要采取普查人员直接到户、到单位访问登记的办法，全面收集农村、农业和农民有关情况，为研究制定农村经济社会发展规划和新农村建设政策提供依据，为农业生产经营者和社会公众提供统计信息服务。1997年开展的第一次农业普查，是中华人民共和国成立以来进行的规模最大的有关农业方面的国情国力调查。2016年12月，第三次全国农业普查全面启动。农业是国民经济的基础，解决好“三农”问题是全部工作的重中之重。农业普查作为重大的国情国力调查，有利于掌握中国农业生产、农田水利和农村基础设施建设、农村劳动力转移等方面的基本信息，有利于为研究确定国民经济发展战略和规划、制定各项经济社会政策提供依据。

全国经济普查主要是为了全面掌握中国第二产业和第三产业的发展规模、结构和效益等信息。认真搞好经济普查，对研究制定国民经济和社会发展规划、优化经济结构、改进宏观调控、开拓新的就业渠道、提高人民生活水平具有重要意义。从第三次经济普查开始，在普查登记中广泛采用现代信息技术，大力推广普查员手持电子终端设备采集数据填报普查表的方式；在尚不具备条件的地区，采取普查人员逐户上门协助普查对象填报纸质普查表、再统一数据录入的传统方式。2019年1月1日零时，第四次全国经济普查现场登记工作正式启动。此次经济普查注重现代信息技术的应用，全部采用手持移动采集终端（PAD）进行数据采集，数据即时传输到国家统计局，只要登录网上报送平台，各级普查机构都可以看到相关信息和数据，改变了以前逐级上报和汇总的方式。

每次普查，各级人民政府都组建普查机构，并投入大量的人力、物力、财力，同时还要组织动员几百万名普查员参与普查工作。周期性普查涉及面广、工作量大、时间较长、技术要求高，但普查比任何其他调查方式所取得的信息资料都更加全面、系统、准确可靠。通过周期性普查，一是摸清了“家底”，深化了对中国基本国情国力的认识；二是掌握了丰富的基础资料，为各级政府实行科学决策特别是加强和改进宏观调控提供了重要依据；三是为国民经济核算提供了大量基础数据，为提高核算质量和推进统计调查体系改革奠定了基础，使中国统计工作在与国际一般规则接轨方面向前迈出了重要一步。

14. 世界最大规模周期性人口迁徙——春运

在中国古代农业社会中，禾的生长周期被人们称为“年”，春季播种就成为“一年”的起点，春节自古就是勤劳的中国人开始新的生产循环的重要信号。在经济比较困难的年代，春节是一年中提升物质享受的节日。随着社会经济的发展，人口流动性不断增强，安土重迁的时代已经结束，外出务工学习成为再平常不过的选择。对很多中国人来说，春节意味着暂时离开工作学习的地域，回到家乡和家人团聚；春节之后，他们会再返回。超大流量的人口迁徙给中国交通运输带来了一个以年为周期的高峰——春运。

交通运输部门的数据显示，最新的2019年春运在结束之时，全国铁路春节前15天累计发送旅客1.43亿人次，同比增加1137.7万人次，增长8.6%。2019年1月26日发送旅客1049.6万人次，创造了历年节前春运单日旅客发送量最高纪录。面对这样庞大的出行旅客人数，只要是参与了春运这场没有硝烟的战争的旅客，都会切身体会到交通运输的压力。2016年，英国BBC公司拍摄了大型纪录片《中国新年2016》，春运这个人类历史上规模最大的周期性人类迁徙运动，成为观察中国国家能力的一个新标签。

中国铁路的春运始于20世纪50年代。随着国家建设的兴起，人员外出和返乡活动逐渐增加，这使得本就不宽裕的交通运输能力空前紧张。为了保证春节期间返乡旅客的安全，此时一些铁路局成立了“春节还乡旅客服务委员会”，这就是铁路春运网的雏形。1953年《人民日报》上第一次出现了“春节客运”这个名词，9月份国家铁道部第一次明确春运的期限是春节前后一个月。1954年，春运日均客流量73万人次，高峰日90万人次。而后，随着高考制度恢复，在外地上学的学生成为春运人员的第二个组成部分。返乡探亲的旅客和学生流，长途客流和短途客流，这些急剧增加的旅客数量彻底超出图定列车的负荷，临时客车因此应运而生。根据铁道部的文献记载，自1984年起，铁路开始开行春运临时客车，至次年铁路春运共开行临客9549列。这些临时客车由于是为填补运力缺口而被临时调用，大多是货运列车临时改造成的，所以临时客车的运载环境非常简陋。然而就是这些乘坐环境极差的临客列车，因为承载着千万返乡人员的归家希望，所以依旧“一票难求”。

改革开放的不断深入令更多的农村人口告别农业，来到城市寻找工作。1994年，“民工流”第一次登上《人民日报》，返乡农民工迅速成为铁路春运客流最主要的组成部分。时至今日，农民工回乡过年、回城务工的传统春运模式仍然占主流。据有关部门统计，2018年，中国常住人口城镇化率为59.58%，但户籍人口城镇化率与此还相差10余个百分点。随着社会经济的进步和发展，加快2.88亿农民工有效融入城镇，使其成为固定的城镇居民，不仅是城市化进程的必然要求，还会带动春运结构的进一步优化。

交通技术的进步与收入水平的提高推动了春运结构的逐渐变化和调整，最传统的道路运输在春运期间的比例开始下降，而铁路运输和民航运输的比例则在逐步增长。2010年后，高速铁路网开始分流，时速在300公里至350公里、高舒适度的高速铁路成为铁路春运重要的组成部分。美国《新闻周刊》曾发表文章，中国正在进行的铁路革命使多年来以幅员辽阔为特色的中国大大缩小……高铁改变的不只是距离，也改变了个人对自身局限性的认知，改变了人们对其居住大陆的看法。铁道部发布的数据显示，在2016年春运期间，仅京广高铁一条线路每日平均运送旅客53万人次。而京武广、沪汉蓉（合宁、合武、汉宜）、京沪、哈大、郑西等长距离高铁的开通运行，极大地缓解了铁路运力在春运期间的压力。除此之外，随着2012年实名制购票开始实行，火车票的购买新增了网络购票的渠道，且技术含量越来越高，移动支付已广泛应用。与此同时，全国铁路与民航基础设施不断完善，越来越多的人能够承担民航出行费用，他们选择在春节假期间在国内或者到国外旅游观光。在成为新的经济增长点的同时，他们也成为春运群体中逐渐衍生的新的一类群体。

中国每年大约有三亿人外出打工，如此规模的人口自发地远离故土，在人类历史上是绝无仅有的。“迁徙”本是动物学中一个重要名词，但是用来定义这三亿中国人像候鸟一样离开故土，又在固定时间返乡的行为，再合适不过。这些人为了获得更好的工作、挣得更多的薪水而离开故乡，但是正是这些劳动者造就了中国经济的腾飞式发展。他们踏实工作，不好高骛远，这是中国文化重要的精神内核。也许他们只是

中国春运是世界上最大规模的周期性人口迁徙。上图为中国某地新建高铁站春运期间的候车大厅。

想要让自己的小家庭获得更好的物质财富而工作，但是每一个为了家庭而付出的微小工作叠加起来，就是中国下一座现代化的城市、下一条在春运期间送他们回家的高速铁路。

回归家庭和故乡的文化观念让中国人会在短短一个月内形成人类历史上规模最大的迁移队伍。人们不用号召，不用法律规定，自然而然地加入这个队伍。春运为什么可以成为一种自觉现象，其背后是中国几千年的传统文化。文化是一种看不见的力量，就像刻印在一个民族血脉中的基因，决定着人们的价值观，左右着人们的行动。中国传统文化以生命和血缘为中心，因此亲人家庭和血脉相传的故乡必然成为中国人刻在灵魂里的“文化密码”，而这种温和的文化则成为凝聚一个社会、一个民族乃至一个国家的最根本力量。

15. 全球最亮眼的就业表现

就业是最大的民生，通过高质量就业和辛勤劳动提高收入，是每个人实现美好生活的主要途径。就业质量的水平是衡量一个国家经济与社会稳定的关键指数，就业状况与就业结构在受到经济发展影响的同时，也是推动经济发展的重要因素。在国际权威机构瑞士洛桑国际管理发展学院（IMD）发布的对各个国家多项发展指标的综合评估中，中国的就业表现在全球63个主要经济体中连续两年位列第一。

中国始终坚持把就业置于发展优先位置。中华人民共和国成立初期，为了与计划经济体制相适应，政府实施了就业计划经济体制。城镇将工人严格按计划安排就业，农村则通过严格的户籍制度将农村劳动力固定在土地上，禁止自由流动，以防增加城镇就业压力。从改革开放之初到确立社会主义市场经济体制改革目标这一时期，在当时双轨制经济体制下实施的是双轨制就业体制。确立社会主义市场经济体制改革目标后，随着经济体制改革、产业结构调整尤其是国有企业改革的深入推进，出现大量的下岗失业人员，加之逐步由农村向城市转移的大量农村剩余劳动力，以及每年大量新生劳动力进入市场，导致劳动力供给需求矛盾加剧。为此，中国出台了以再就业工程为主的就业政策，基本确立了以解决下岗失业人员再就业为重点的积极就业政策。此后国家不断健全促进就业的积极政策，发挥经济发展创造就业岗位的作用，形成多群体促进就业合力。

近年来中国就业人数总量不断增加，就业结构持续优化。根据国家统计局数据，2018年，中国经济保持平稳增长，是稳定的就业形势的坚实基础。2018年年末，城镇就业人员为43419万人，比2017年年末增加957万人，城镇就业规模持续扩大。其中，25—59岁就业主力军的失业率稳定在4.4%的较低水平。高校毕业生就业状况良好。全国全年城镇新增就业1361万人，城镇调查失业率全年保持在5%左右。

中国把就业作为衡量经济运行状况的关键指标，大众创业和万众创新催生的新产业、新业态、新模式增加了大量就业岗位。与此同时，中国的居民收入与经济增速保持同步，基尼系数逐步减少，中等收入群体稳步扩大。但是中国仍面临着局部就业难点，包括化解过剩产能过程中的职工安置、特殊群体就业问题，创新岗位与需求之间不匹配问题，高校毕业生在新增劳动力市场比重增高问题等。对此，国家和相关部委出台了一系列关于就业扶贫、高校毕业生“三支一扶”、就业培训、创业

某地人才招聘会

税收、电子商务等鼓励与扩大就业的政策举措。毫无疑问，在拥有世界上最庞大劳动力队伍的中国，取得这样的成绩是难能可贵的。中国良好的就业表现应该主要归功于稳定的经济增长与就业优先战略的实施。经济增长是拉动就业的最主要动力。中国是目前全球经济增速最快的国家之一，而实施就业优先战略，大力推动“大众创业、万众创新”，确保了在经济结构转型和调整过程中实现就业的基本稳定。

2017年，著名商业教育机构瑞士洛桑国际管理发展学院发布的世界竞争力报告显示，中国的就业表现在全球63个主要经济体中名列首位。报告评估各经济体经济力时基于4项因素：经济表现、政府效率、营商效率、基础建设，每一项因素又会被拆解成一些分指数。其中，中国的就业、劳动力市场、国内经济这三个分指数排名世界首位。经济合作与发展组织也曾发布报告称，生产率增长及高水平就业已成为中国经济增长的主要动力。

16. 世界上最大的社会保障体系

2018年12月，国务院新闻办公室发表《改革开放40年中国人权事业的发展进步》白皮书。白皮书指出，中国建成了世界上规模最大、覆盖人口最多的社会保障体系，拉动世界社保覆盖率提高11个百分点。截至2018年6月，基本养老保险、失业保险、工伤保险参保人数分别达到9.25亿、1.91亿、2.3亿，包括城镇职工基本医疗保险、新型农村合作医疗保险和城镇居民基本医疗保险在内的基本医疗保险覆盖人口超过13亿；社会保障卡持卡人数达11.5亿人，覆盖全国82.81%人口。中国为建设社会保障体系、稳步提高各项社会保障水平做出了不懈努力，并借助互联网、大数据等信息技术，正不断提高社会保障领域的公共服务能力。

建立健全与经济发展水平相适应的社会保障制度，增强人们抵御风险的能力，减轻后顾之忧，既能够为经济发展保驾护航，又能促进社会稳定。改革开放以前，中国社会保障制度是一个城乡二元分割的体系。1951年《中华人民共和国劳动保险条例》出台，标志着中国最基本的面向城镇劳动者的社会保障制度开始建立。这一制度的特点是现收现付，其主要对象是国有工业企业、商贸企业及机关事业企业单位，主要的险种是老年保险、医疗保险和工伤保险。而在农村，新中国建立了一个以国家救济和集体保障为主体、以家庭保障为补充的制度框架。这些制度对于缓解农村的因病致贫、因病返贫，提高农村居民的健康卫生水平，起到了非常重要的作用。

一位国企员工的社会保障卡。该卡由省级人力资源和社会保障机关发放，有医保、养老等社会保障功能。

1978年5月，国务院重新设置了民政部，社会救助、社会福利、优抚安置等制度建设也开始提上日程。1980年，经国务院批准，中国恢复了中断二十多年的保险业务，对防灾补损、稳定企业经营、安定人民生活、聚集建设资金等发挥了积极作用。在具体改革策略上，各项社会保险改革措施逐步试点推广。20世纪90年代，中国社会保障制度改革开始转向与建立社会主义市场经济体制相配套的轨道上来。1991年，国家着手建立多层次养老保险制度，将国家基本养老保险与个人储蓄性养老保险、企业补充养老保险相衔接、配合。生育保险与医疗保险亦是社会保障制度改革的重点，1994年劳动部颁布了《企业职工生育保险试行办法》，用社会统筹替代了原单位负担和管理的生育保障方式，并对生育保险的实施范围、统筹层次、基金筹集和待遇支付等进行了规范。从1996年开始，医疗保险改革的试点城市逐步扩容，覆盖到各行各业。

进入新世纪，中国继续出台相关规定，进一步拓展社会保障覆盖面。2002年10月，中国明确提出要建立以大病统筹为主的新型农村合作医疗制度，到2010年基本覆盖农村居民。2008年，国务院决定新增229个医保试点城市，并于2009年全面推开。新型农村养老保险试点也扩大到25个省区的305个县级单位。2008年3月，在原人事部与劳动和社会保障部基础上组建了人力资源和社会保障部，以统筹领导社会保障事业的改革和发展。

中华人民共和国成立70年来，中国的社会保障制度日趋完善，社会保障制度体系的框架基本形成。中国在社会保险扩大覆盖面方面取得的成就得到国际社会的充分肯定和高度评价，国际社会保障协会授予中国政府“社会保障杰出成就奖”。但是当前中国社会保障制度建设和实施中仍然存在一些亟待解决的矛盾和问题，需进一步完善社会保障制度，以促进制度的公平性与可持续性。

17. 快递业务规模世界第一

伴随中国网络零售的蓬勃发展，中国的邮政和快递业务也呈现出井喷之势。国家邮政局发布的《2018年中国快递发展指数报告》显示，中国的快递业务规模全球领先，2018年中国的快递业务量超过美、日、欧发达经济体之和，规模连续五年稳居世界第一，占全球快递包裹市场的一半以上。

中国的快递行业正由小到大迅猛发展，同时，市场结构在持续优化，资源要素亦加速聚集中。根据国家邮政局公布的2018年邮政行业运行情况：2018年，全国快递服务企业业务量累计完成507.1亿件，同比增长26.6%；业务收入累计达6038.4亿元，同比增长21.8%。其中，同城业务量累计完成114.1亿件，同比增长23.1%；异地业务量累计完成381.9亿件，同比增长27.5%；国际/港澳台业务量累计完成11.1亿件，同比增长34%。

中国快递业的发展历史也与改革开放的历程密切相关。随着改革开放的发展、交通状况的不断改善及信息管理技术的提高，中国快递行业应运而生。中国的第一家快递企业成立于1979年。此后，中国邮政又在20世纪80年代初开办了国际、国内特快专递业务。1980年，中国邮政开办了全球邮政特快专递业务（EMS），随后国际快递巨头也纷纷通过合资、委托代理等方式进入中国市场。但随着市场经济进一步发展，邮政企业已经无法满足外贸行业对报关材料、样品等快递传递的需求，更多样化的快递企业迅速崛起。

在快递市场巨大潜力的驱使下，中国国内相继成立了不同模式的快递公司，它们分属不同的运输系统，主要代表有民航快递（CAE）和中铁快运（CRE）等。其中，CAE具备民航系统的航线和场站优势；CRE则利用了中国铁路的旅客列车行李车作为主要运输工具，辅以快捷方便的短途接运汽车，开辟了别具特色的利用铁路的快递服务。总而言之，它们采取了多样化的经营模式，在迅速发展的快递市场中不断摸索前进。20世纪90年代开始，国内许多民营企业开办的快递公司竞相崛起。1993年成立的顺丰速运便是其中的典型代表。进入21世纪，电子商务的强劲发展成为快递行业的最大推动力。快速增长的市场吸引着众多的参与者。如今，申通、圆通、中通、汇通以及韵达等知名快递公司，都分别占据了一定的市场份额。

中国的快递行业，在促进消费升级、推动物流转型、扩大社会就业等方面，发挥着至关重要的作用，快递正在与电子商务、跨境寄递、先进制造业、服务业、农业等领域深度融合。首先，以“互联网+”为标志的新兴服务业发展势头十分突出。随着网民在网络平台购物消费的增多，快递业务规模不断地发展壮大，与此同时，快递服务电商、拉动消费成效明显。国家统计局的数据显示，2018年，快递业年支撑网络零售额超过7万亿元，占社会消费品零售额比重达18.4%。另外，随着“新零售”、外卖同城配送等更多的商贸组织形式的发展壮

中国快递公司的业务已经普及县级以上城市的大街小巷，这是京东物流在济南的快递车。

大，快递行业也将从线上线下中找到更多新的突破口。

随着跨境电子商务的发展、客户需求的逐渐多样化以及个人包裹量的增加，快递行业的物流需求也在增多。现代物流系统已经采用了大量最新的现代技术，并不断地应用于快递业务当中。物流智能装备的应用，提升了整个行业的科技含量。快递行业也正在催生更多的科技创新，大数据、云计算、机器人等现代信息技术和装备广泛应用，大型自动化分拣中心的建成，实现了仓储、分拨的智能化，极大地提升了效率，即时配送、冷链、医药等新兴服务的拓展，也加快了快递企业向综合物流服务商的转型。

快递已经成了重要的民生工程。《2018年中国快递发展指数报告》显示，快递业新增就业人数超过20万人，对国内新增就业贡献率达2%以上，为就业发挥了积极贡献。在如今的中国大地上，每天都有上亿件快递流转，组成了一张物流的巨网，而编织起这张巨网的则是一个个鲜活的个体。2015年7月，新修订的《中华人民共和国职业分类大典》正式新增了快递员这一职业，人们在快递员们的群像里认识到了他们的贡献。辛勤工作、起早贪黑、风雨无阻成了这个群体的标签，他们在为大家生活带来了便利的同时，也成了新时代奋斗者的生动写照。

京东物流济南玉函配送站

18. 世界上人口最多的中等收入群体

2017年12月，中国召开了中央经济工作会议，会议给出了一个令世界瞩目的判断，那就是中国“形成了世界上人口最多的中等收入群体”。这是中央首次明确中国形成了世界上最大规模的中等收入群体，具有标志性意义。2019年1月21日，国家统计局局长在国务院新闻办公室举行的新闻发布会上表示，中国拥有全球规模最大、最具成长性的中等收入群体，2017年已经超过4亿人，大致占全球中等收入群体的30%以上。

收入水平及其分布是衡量一国经济社会发展成就的基础性指标。根据国家统计局的测算标准，一个三口之家若年收入在10万元至50万元之间，则可将其界定为中等收入家庭。中等收入群体通常是指一个经济体中收入达到中等水平、生活较为宽裕的群体。这个群体具有较为稳定的收入、较强的消费能力，受过良好的教育，多从事专业性较强的工作，是经济社会发展的主要依托力量。中等收入群体的内涵并不仅限于收入，它还是一种包括收入水平、生活质量、职业、国民素质、收入分配制度和社会结构特征等综合指标的概念。因此，中等收入群体的扩大不仅意味着收入水平的提高，还预示着中国民生的整体向好。

中等收入群体的壮大，是中国40年改革开放经济社会发展的结果。首先，经济总量的快速扩张带动了居民收入较快增长。2012年到2016年五年间，全国人均可支配收入年均增长7.4%，快于GDP年均增速0.3个百分点。其次，中国城镇化率的稳步提升，使更多的人口从农村转移到城市，客观上带来了整体收入水平的提高。最后，在国家政策的扶持下，中国的新兴行业成长迅速，经济发展的新动能带动了全社会收入水平的提高。

中等收入群体的扩大对稳定社会发展、实现经济持续繁荣及全面建成小康社会具有重要的现实意义。北京大学教授穆光宗认为，国际社会比较重视中产阶层的社会稳定作用，这一阶层的巩固和扩大被认为是正向的社会人口变迁。中等收入群体占社会的主体，能避免因贫富群体悬殊而造成的排斥与敌对，从而实现更好更稳定的发展。此外，据国家统计局介绍，中国有4亿中等收入者，以中国典型的三口之家为单位计算，就有1.4亿个家庭，而这些家庭的年收入在10万元至50万元之间，他们蕴藏着的巨大经济能量，是市场内需扩大极其重要的推力，也是经济持续繁荣和高质量发展的有力保障。中等收入群体中每个人的可支配收入相对均衡和稳定，这一群体的扩大意味着整个社会平均富裕程度的提高和社会财富的增加。

中国中等收入群体的崛起对世界经济的发展同样意义重大。近年来，许多国际机构和媒体都发布有关中国中等收入群体日渐壮大的报告和文章。2016年，美国财经类媒体*Business Insider*刊文指出，在过去的数十年中，美国消费者一直充当了全球经济的核心引擎，而如今随着中国中等收入群体的崛起，他们可以帮助负担过重的美国消费者“收拾残局”了。英国经济学人智库（Economist Intelligence Unit）2016年发布的报告称，过去中国的经济增长依赖政府巨额投资，但未来，满足迅速壮大且有更高期望值的中产群体的需求，将成为经济可持续发展的基础；尽管中国经济增长放缓，但消费领域韧性十足，消费者支出的大幅增长为增速放缓的中国经济带来支撑。

不过，中国中等收入群体占全国人口总数的比例并不高，低于美国和日本的38.8%、59.5%，“扩中”的任务仍很艰巨。北京师范大学教授李实建议，一方面要继续扩大中等收入群体规模，另一方面要使得他们有更多的自我认同感。这就要求继续努力保持经济稳定增长，提升社会保障水平，提供更多优质的公共服务，消除中等收入群体的后顾之忧，也要让他们看到自己在整个社会中仍有不断上升的通道。中国社会科学院研究员李春玲认为，壮大中等收入群体不仅需要“扩中”，还需要“调结构”，在提升中等收入者比例的同时，还要促进中等收入群体由目前的倒丁字形向金字塔形演变，并进一步形成最理想的纺锤形社会结构。

19. 世界第一大粮食生产国

中国自古以来都是粮食大国，农业也一直是中国的主要产业。中华人民共和国成立以来的七十年间，中国一直关注于农业的发展，采取多项政策来保障全国的粮食供给。在这样的前提下，中国的主要农作物产量位居世界前列，近年来更是位居世界第一。根据国家统计局资料显示，2016年、2017年、2018年，中国粮食产量分别达61624万吨、61791万吨、65789万吨。根据联合国粮食及农业组织数据显示，2018年中国谷物产量仍然位居世界第一位。

搂草机在黑龙江省佳木斯市汤原县一处稻田中收集水稻秸秆　管建涛 摄

中国的农业发源于新石器时代，黄河和长江流域是世界农业发源地之一。在漫长的历史过程中，中国的农业曾领先世界，但也经历了漫长的停滞时期，尤其是近代以来，中国传统自然经济解体，农业发展近乎崩溃。中华人民共和国成立后，半封建半殖民地制度的废除和社会主义制度的建立使中国农业经济得到了迅速的恢复和发展，中国农业结束了停滞的历史，进入了发展较快的新时期。在随后的几十年间，农业生产条件和生产技术得到了显著改善，产量水平迅速提高，但也因为部分时期的特殊情况而不可避免地遭受了一定程度的打击。1978年十一届三中全会揭开中国经济改革序幕，农业生产的停滞状况得以改变。经历了数年的定点试验，1982年11月，全国开始实行家庭联产承包责任制，农村经济新的格局全面建立。尽管四十多年来农业的发展过程中也有过挫折，但中国以仅仅相当于世界7%的耕地养活了几乎占世界五分之一的人口，这说明改革取得了巨大的成就。一系列政策法规促进了中国农业发展。2004年，国务院开始实行减征或免征农业税的惠农政策。据统计，免征农业税、取消烟叶外的农业特产税可减轻农民负担500亿元左右，到2005年已有近8亿农民直接受益。2005年末，随着农业税法的完善，9亿农民从此不再缴纳农业税。这一政策大大提高了中国农民从事农业生产的积极性，促进了粮食产量的提升。

从2004年开始，中央一号文件每年都会关注并指导农业的发展，中央一号文件以农业科技为主题，从科技创新、技术推广、教育培训三个方面强调了农业科技的重要性，出台了一系列加快推进农业科技创新的政策措施。十九大报告进一步指出，要坚持农业农村优先发展，按照产业兴旺、生态宜居、乡风文明、治理有效、生活富裕的总要求，建立健全城乡融合发展体制机制和政策体系，加快推进农业农村现代化。保持土地承包关系稳定并长久不变，第二轮土地承包到期后再延长三十年。根据农业农村部的数据资料显示，中国的粮食产量从1949年的11318万吨一直增加到了2018年的65789万吨。

原联合国世界粮食计划署中国办公室主任韦安夏说，中国成功解决了国内大多数人的温饱问题，这对于联合国千年发展目标的实现已经作出了巨大贡献。联合国千年发展目标的首要任务是到2015年使贫困和挨饿人口数量减半，在这方面，中国经验弥足珍贵。中国社会科学院西亚非洲研究所非洲研究室主任贺文萍指出，一方面，中国为非洲国家抗击饥饿提供更多的物资援助；另一方面，中国的农业技术适用性强、简单易学，相比欧美的农业技术来说对贫穷国家更加适用，中国可以提供更多的农业技术设备和相关人力资源培训，以帮助那些仍处于贫困中的国家。作为联合国粮农组织的创始国之一，中国将积极履行成员国义务，广泛参与和支持联合国粮农组织活动；并以此为基础，为实现联合国可持续发展目标中消除饥饿的目标而不懈努力。

20. 世界第一大钢铁生产国

钢铁是工业血脉，其产量和质量标志着一个国家的工业模式是否成熟。1996年，中国生产钢铁10124万吨，首次突破1亿吨钢产量并一举成为世界最大钢铁生产国。2018年国家统计局公布的钢铁行业数据显示，中国粗钢累计产量9.28亿吨。从1996年成为世界最大产钢国以来，中国已连续23年产钢量居世界第一位。除此之外，中国钢铁工业工艺技术装备也已跻身世界一流水平：一方面，花园式绿色环保钢厂彻底颠覆了钢铁“傻、大、黑、粗”的形象，实现了与城市、环境和谐共生发展；另一方面，中国大多数钢材品种的自给率都超过了100%，像航母甲板用

中国钢铁企业大批量生产的无缝钢管

钢和球扁钢、时速350千米百米高速钢轨和高速车轮、第三代汽车钢等一批高端钢铁产品中国也打破了国外垄断，占据了高端用钢的制高点。

改革开放前的30年为中国钢铁工业打下了坚实基础。中国钢铁工业的发展经历了“一次重大转变”“两个黄金发展期”“三次基本建设高潮”。从新中国成立初期到第一个五年计划，中国钢铁工业的发展是在苏联大力支援下开展的，几乎全盘照搬苏联的模式。1956年毛泽东发表《论十大关系》之后，中国钢铁工业的发展在认真总结学习苏联经验教训的基础上，转变到从中国国情实际出发，充分发挥中央和地方两个积极性，走大、中、小相结合之路。这一转变，对中国钢铁工业的崛起、壮大具有重要意义。此后，在第一个五年计划期间（1953—1957年），中国年均增钢80万吨，年均增长31.6%，到1957年达到了535万吨，迎来第一个黄金发展期。第二个黄金发展期是国民经济调整期间（1963—

钢花飞溅的炼钢炉

1965年），年均增钢185万吨，年均增长22.4%，到1965年达到了1223万吨。三次建设高潮，第一次是第一个五年计划，实施苏联“156个重点援建项目”中的八大钢铁项目的建设，包括新建武钢、包钢、北满钢厂、吉林铁合金厂、吉林炭素厂、热河钒钛厂，改扩建了鞍钢和本钢等，同时还进行了大冶钢厂等近20个企业改扩建工程。第二次是1956年规划并开始建设的“三大、五中、十八小”。“三大”是继续进行鞍钢、武钢、包钢三个大型钢铁基地建设；“五中”是扩建、新建太钢等五个中型钢铁企业；“十八小”是指新建济钢等十八个小型钢厂。第三次是指1964年开始的三线建设恢复建设了攀钢等一批钢铁企业。这三次基本建设高潮的开展，为新中国钢铁工业日后发展打下了重要基础。

改革开放以后，中国钢铁工业的实力迅速提升。仅在1978—1992年，钢铁工业从国外引进了700多项先进技术，利用外资60多亿美元。其中，宝钢、天津无缝钢管公司借力国外先进技术装备，成为当时两座新建的现代化大钢厂。同时，对一些老钢厂实施了一系列重点改造项目，优化技术结构，提升我国钢铁工业水平。从党的十四大到2000年，中国初步建立社会主义市场经济体制。这个时期，中国钢铁工业发展着力适应市场经济的要求：由发展数量规模为主向调整、优化结构为主转变，由钢铁产品长期数量短缺向控制总量转变。这个时期中国钢铁工业是深化内涵式扩大生产的阶段，钢铁行业坚持以市场需求为导向，实施调整、优化结构，促进钢铁工业生产力的发展。

21世纪以来，随着中国钢铁产业的发展，钢铁企业规模的不断扩大，中国的钢铁产业进入了供大于求的阶段。对此，中国开始统筹资源，去除过量的钢铁产能。2013年10月，国务院出台《关于化解产能严重过剩矛盾的指导意见》，提出钢铁行业严禁建设新增产能项目，项目建设须制定产能置换方案，实施等量或减量置换。2016年到2017年，中国共压减粗钢产能1.2亿吨以上（不含“地条钢”产能）。在去产能的同时，中国也正逐步调整钢铁产业结构，不断在核心技术方面追求创新，以保持钢铁全产业链的整合优势和革新能力。工业和信息化部数据显示，中国钢铁行业持续推进供给侧结构性改革，不断优化产业结构，市场秩序得到明显改善，全行业经济效益创历史最好水平。今后，中国将以严控新增产能，进一步把去产能与优化区域布局、产业转型升级等相结合，实现钢铁工业的高质量发展。

21. 世界第一大水泥生产国

水泥作为一种重要的胶凝材料，被广泛应用在工程领域，而中国是世界上水泥产能最大的国家。改革开放以来，中国水泥产能迅速跃居世界第一，技术和装备制造水平均为国际一流。国家统计局公布的《2018年国民经济和社会发展统计公报》显示，2018年中国的水泥产量为22.1亿吨。城镇化在中国的迅速推进，是消费大量水泥的主要原因。伴随城市规模的日益扩大，人们对基础设施建设的需求也不断增加，与市民日常的住、行紧密相关的建筑、交通等配套公共设施的建设，带动了对水泥消费的增长。

水泥行业的变迁历程，见证了中国现代化、工业化的发展道路。西方列强通过鸦片战争打开了中国的门户，包括水泥在内的大量商品输入中国。由于水泥是从国外进口的，当时中国人称水泥为洋灰，按英文译音，又称之为细绵土。1889年，中国第一个民族水泥企业唐山细绵土厂建立。在那个饱受帝国主义经济侵略的时期，民族水泥企业不仅装备落后，生产发展更是完全依赖外国技术。

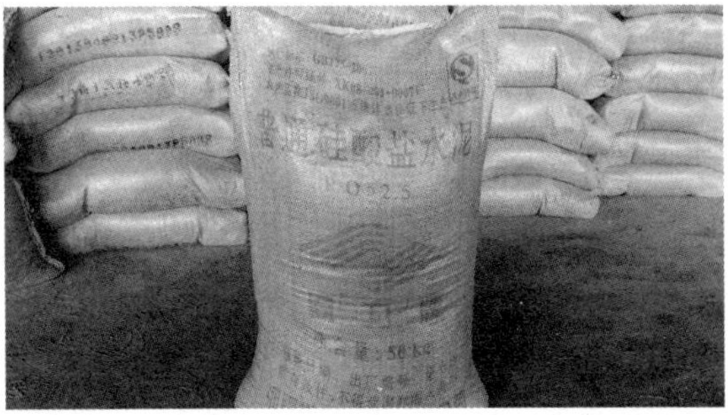

基建需求量极大的袋装普通硅酸盐水泥

1949年中华人民共和国成立之后，中国水泥业受限于外国的局面开始转变。新中国成立初，中国水泥业处在百废待兴的状态，旧中国留下的产能远不能满足需要，薄弱的工业基础不具备生产水泥装备的能力，专业技术团队匮乏，发展水泥工业面临许多困难。计划经济体制下，大中型水泥企业由中央人民政府的建材管理部门直接分管。为尽快发展水泥生产，政府决定借助外力起步，购买外国装备建厂，并邀请外国专家指导装备安装和工厂设计。新建成的第一批水泥厂，不仅促进了水泥产量的快速增长，也是我国水泥工业自主发展的起步。建设过程中，设计单位、施工单位以及水泥企业取得的经验，为中国水泥业的自主发展道路打下了良好基础。1953年开始，一批科研所、设计院分别设立，作为新中国水泥工业自主发展的基本力量，它们对水泥产量提高和品种增加作出了贡献。

改革开放后，水泥技术开发由政府主导转变成了以市场为主导。中国水泥业发展迅速，水泥技术得到深入开发，水泥品种不断增加，标准接轨国际，中国水泥业在绿色发展中走向世界。首先，预分解窑新型干法技术的开发有赖于我国自主开发与引进技术的结合。在该技术开发过程中，我国采取了以原产装备为主、个别国外装备采购为辅的开发方式。其次，技术转让与技术入股促进了发明成果向生产力的转化，目前中国已成为世界上唯一拥有硫（铁）铝酸盐水泥产业的国家。再次，1999年修订标准，我国通用硅酸盐水泥标准全盘采用了世界上大多数国家实施的ISO标准，实现了与国际标准的全面对接。进入21世纪以来，中国水泥行业也加快了自身在绿色发展上的步伐，水泥工业粉尘排放量随着立窑生产被新型干法所取代而大幅下降。

但是，在一段时间内中国水泥产业仍存在着一系列发展问题：重复建设、产能严重过剩、产业链短、附加值低、产品与市场脱钩、企业技术创新能力薄弱、科研投入不足等。中国建材集团有限公司董事长宋志平撰文认为，化解产能过剩等难题，需要多组行动配合，包括鼓励联合重组、严格禁止建新线、加大淘汰力度、开展错峰生产，以协会为主导的行业自律，以及支持大企业发挥行业引领作用等协同进行。同时，水泥生产长期利用高炉矿渣和粉煤灰等工业废渣作为原材料，因此，在科学合理的发展方式下，资源型、高污染和高排放型的水泥业，应该向环境友好型产业转变。

过去70年，中国水泥工业取得了进步，许多方面已达到国际先进水平。“一带一路”倡议给中国水泥业带来了重大发展机遇，以互利共赢为基础，中国水泥企业与沿线国家广泛地开展投资与经贸合作，同时也不断地输出先进的技术与高端的产能。中国水泥业开始“走出去”，既有产品和装备技术的出口、生产管理和工程建设的总承包，也有直接对外投资创办的水泥厂。随着改革开放的深入发展，中国水泥企业将积极拓展海外市场，在世界水泥工业发展的进程中发挥引领和推进作用。

22. 可再生能源发电量世界第一

第二次工业革命之后，电气动力代替蒸汽动力，登上了历史舞台。中华人民共和国成立之初，全国的发电装机容量只有185万千瓦，这个数量还不抵上海外高桥第三发电有限责任公司在2008年投产的两台100万千瓦的发电机组。支撑新中国庞大工业体系电力供应的发电站曾经有九成是依靠燃烧煤的火力发电，尽管有丰富的煤炭储备资源，但是因为开采和冶炼技术的落后及煤矿品质较差造成的燃烧效能低下，火力发电带来的空气污染成为产业升级面临的严峻挑战。

能源的消耗和浪费问题需要全人类共同面对，此时对于清洁能源的

光伏发电站　倪霞 摄

追求应运而生。清洁能源即绿色能源，是指不排放污染物、能够直接用于生产生活的能源，它包括核能和“可再生能源”。清洁能源的发展源自对可持续发展的替代能源政策的提出。中国已经成为全世界清洁能源发电装机容量最大的国家。截至2018年，中国已连续五年新增发电装机容量超过1亿千瓦，其中非化石能源发电装机容量达到8270万千瓦，占全部新增发电装机容量的66.8%，连续六年超过一半以上。

国家能源局提供的数据显示，到2018年年底，中国在非化石能源发电中，水电累计装机3.52亿千瓦，水电新增发电装机854万千瓦，是全球水电新增装机容量最大的国家；风电装机1.84亿千瓦，光伏发电装机1.74亿千瓦，每年新增及累计的水电、风电、光伏发电装机容量都持续处于世界第一。另外，在更新的生物质发电领域，截至2018年已经累计装机1781万千瓦。中国在新能源发电领域内，已经取得了世界领先水平。国家能源局2019年新闻发布会公布，我国2018年全部非化石能源发电量达到2.16万亿千瓦时，在总发电量中所占比重达到了30.9%。清洁能源的发展一直以来都面临一个严峻的问题，就是弃光弃风弃水问题层出不穷，为此国家能源主管部门于2017年11月颁布实施了《解决弃水弃风弃光问题实施方案》，并且取得了良好的结果。根据国家能源局的统计数据，全国2018全年弃水电量约为691亿千瓦时，全国平均水能利用率达到95%左右，风电、光电利用小时数也大幅增加。

水电是重要的清洁可再生资源。目前，由于其技术成熟且可大规模开发，水电成为多数国家能源开发的首选。我国水电资源蕴藏量为世界第一，发展水电有助于我国早日实现非化石能源发展的目标，同时也可减少温室气体的排放量。经过多年的建设发展，中国水电的节能减排生态环保效益十分显著。40年来水电累计发电量超过14万亿千瓦时，约相当于替代标准煤43亿吨，减排二氧化碳113亿吨、二氧化硫0.37亿吨、氮氧化物0.32亿吨，为打赢蓝天碧水保卫战作出了重要贡献。

如今清洁能源的投资也是全球关注的重要领域，中国一直重视清洁能源产业的发展，2009年中国在清洁能源领域的开发投资金额首次超越美国。近年来，西方一些国家的清洁能源投资面临着很大的下行压力。根据彭博社发布的数据显示，2015年第三季度，欧洲清洁能源投资同比下降48%，跌至58亿美元，美国的投资也只有134亿美元，而中国第三季度清洁能源投资达到267亿美元，同比增长5%，成为全球清洁能源投资最多的国家。到2017年，中国在全世界的清洁能源领域投资已占近四成份额。2017年11月14日，联合国国际能源署发布了《2017年世界能源展望》（World Energy Outlook 2017）。报告第四部分以“中国变，一切皆变”为主题，提出中国的清洁能源发展、技术出口和对外投资规模，使其成为低碳转型发展势头的决定性因素：在新政策下，中国占到世界新增风电和太阳能光伏装机的三分之一，占到全球电动汽车投资的40%以上。中国的政策选择将会在决定全球发展趋势中发挥巨大作用，并将激发更快的清洁能源转型。

“数罟不入洿池，鱼鳖不可胜食也；斧斤以时入山林，材木不可胜用也。”可持续发展的理念一直以来都根植于中国的传统观念之中。随着时代的发展，面对能源的消耗，中国人不仅关注有效利用传统能源，未来将更加重视在清洁能源领域进行探索。

23. 装备制造业产值世界第一

2013年，中国装备制造业产值规模突破20万亿元，占全球比重三分之一以上，稳居世界首位。中国成为近代以来第三个在全世界装备制造业中占据三分之一份额的国家，此前只有美国和英国曾达到或超过这一比例。目前中国多数装备产品产量位居世界第一。2013年，发电设备产量1.2亿千瓦，已经达到全球总量的60%；造船完工量4534万载重吨，占全球比重41%；汽车产量2211.7万辆，占全球比重25%；机床产量95.9万台，占全球比重38%。2018年，中国汽车产销分别完成2780.9万辆和2808.1万辆，也已经连续10年蝉联全球第一。

近年来，中国装备自主化也迈上了新台阶，载人航天与探月工程、“蛟龙”载人深潜器取得重大突破，大型运输机和大型客机已完成布局，研制工作取得重要进展。新兴产业发展取得重大进展，智能制造装备、海洋工程装备、先进轨道交通装备、新能源汽车等新兴产业发展也取得明显成效。目前中国高端装备制造业产值占装备制造业比重已超过10%。

巨型模锻液压机，是象征重工业实力的国宝级战略装备，它的研制成功标志着我国在工业实力和军工能力方面的大突破，而世界上能研制的国家也屈指可数。中国第二重型机械集团成功建成世界最大模锻液压机。这台8万吨级模锻液压机，地上27米，地下15米，总高42米，设备总重2.2万吨，是中国国产大飞机C919试飞成功的重要功臣之一。目前，只有中国、美国、俄罗斯和法国拥有4万吨级以上模锻液压机。而中国此次C919试飞的重大功臣，以其8万吨级的体量打破苏联保持的纪录，标志着我国关键大型锻件不再受制于外国。

机床是制造机器的机器，被称为装备制造业的“工业母机”，决定着一个国家的工业水平和综合竞争力。制造业转型升级少不了高端机床的帮助，因为没有高端机床就无法生产高精度、高技术的产品。武汉重型机床集团成功打造出世界最大规格的超重型数控卧式机床——DL250型机床。该机床身长50多米，床重1450吨，最大回转直径达5米，是具有完全自主知识产权的重大国产化装备。这台超重型机床的加工精度为0.008毫米，约为头发丝直径的十分之一。上海机床厂研制出了世界最大的数控轧辊磨床，最大磨削直径为2500毫米，有效磨削工件长度为15米，最大磨削工件重量250吨，并配以具有自主知识产权的软件系统。中信重工成功研制的18500吨油压机，是目前世界上规格最大、技术最先进的油压机。该油压机地上高度20米，地下深度7.5米，可移动工作台达5.4米×13米，最大镦粗力18500吨，整机重达4000多吨，被誉为“世界自由锻造王国的一顶皇冠”。齐重数控装备有限公司试制成功世界最大立式车铣床，这台型号为DMVTM2500*60/550L–NC的数控重型双柱立式车铣床总吨位超过550吨，可以加工直径为25米的大型机组部件。其技术参数、加工精度、技术等级、承载重量均创造诸多世界“第一”，为当今世界机床业的扛鼎之作，代表着国家高档数控重型机床最高水平。

伴随着制造业转型升级，数控机床作为中国制造业重点领域之一，其发展将会迎来一定的机遇。原中国工程院院长周济认为，工业化和信息化不断深度融合，制造业数字化、智能化、网络化是此融合的产物。各国不断提高对制造技术开发的重视程度，中国也不例外。中国制造业由“大”到“大而强”的强大驱动力量，数控机床技术的迅速进步，将为中国制造业实现“大而强”提供有力支持。

装备制造业作为中国的战略性产业，是各行业产业升级、技术进步的重要保障和国家综合实力的集中体现。中国经济重点领域的装备制造取得重大进步，一些产品的技术水平已接近或达到国际先进水平，为装备制造业的发展奠定了坚实的基础。在我国转变经济发展方式的进程中，装备制造业的发展具有重要的战略意义，它不仅是国家工业在信息化时代的创新之地，也是我国由制造业大国向制造业强国转变的关键一步。

24. 世界最大规模的造船工业

造船业是为水上交通、海洋开发和国防建设等行业提供技术装备的产业，也属于劳动、资金、技术密集型产业；在机电、钢铁、化工、航运、海洋勘采等上下游产业中，也发挥着强有力的带动作用，所以又是现代综合性产业。中国造船业经过几十年的发展，近年在全球市场上所占的比重正在明显上升，现在已经超过韩国成为造船第一大国。工业和信息化部的数据显示，2018年中国造船三大指标以载重

即将建成下水的巨型油轮

吨计，占国际市场份额均超过40%，继续保持世界领先；以修正总吨计，造船完工量、新接订单量、手持订单量，分别占国际市场份额的36.3%、35.4%、35.8%，其中新接订单量居世界第二位，完工量和手持订单量均位居第一。

1950年10月，重工业部船舶工业局（后改为第九工业管理局）成立，统一领导船舶工业；到1956年，第九工业管理局已经拥有包括江南、沪东、中华、求新、大连、武昌和芜湖造船厂在内的9个直属企业。这些造船厂支撑了新中国成立初期造船业的发展。1958年，大连造船厂下水了“跃进号”万吨级轮船；1960年，江南造船厂下水了“东风号”万吨级轮船。1974年，沪东、江南、大连、上海和广州等老船厂分批进行了技术改造，2万—3万吨级和5万吨级民用船舶等产品开始投产。

改革开放以后，发挥劳动力资源丰富、工业和科研体系健全、产业发展基础稳固、海岸线适宜造船的优势，中国船舶工业发展由此进入了新的历史时期。同时，中国对外贸易的迅速增长，也为船舶工业提供了较好的发展机遇，中国船舶工业成为最具国际竞争力的产业之一。到1995年，中国造船能力达到年产250万载重吨，造船产量占世界市场份额5%，排名在日本、韩国之后，位居世界第三。到2005年，全国造船产量达1000万载重吨，占世界市场份额的16%左右。2009年，在面临全球金融危机冲击的情况下，中国出台了《船舶工业调整振兴规划》。2009年中国造船完工量、新接订单量、手持订单量分别占世界市场份额的34.8%、61.6%、38.5%。2010年更是创造了三项指标均创第一的纪录，中国成为世界造船第一大国。

从造船完工量、新接订单量、手持订单量这三大世界造船指标来看，中国造船业均已保持全球领先地位。根据英国克拉克松研究公司数据，2012年到2017年五年间，中国造船业新接订单量、手持订单量均稳居世界第一，造船完工量有四年位居世界第一、一年居第二。中国船舶工业行业协会会长郭大成认为，当前，全球造船业整体表现依旧低迷，市场需求仍不高。在这样的情况下，中国造船业能取得这样的成绩，十分可贵。而就市场竞争来看，目前基本是中、日、韩三分全球造船业天下的格局，而中国企业能成功拿下大单，背后体现的是中国造船业的竞争力。

中国造船业的崛起，在很早就得到了预言和关注。日本《朝日新闻》2003年曾发表了一篇名为《中国造船业威胁日本？》的文章，文章指出，虽然中国造船业在世界市场上的地位还不为人所注目，但与中国的其他产业一样，中国轮船的竞争力也在迅速提高。对日本造船业界来说，中国是继韩国之后的又一有力竞争对手。《经济学人》则指出，随着科技的进步，中国造船业已经不仅仅满足于数量的提升，同时对更高的质量和科技水平也发起了冲击。郭大成认为，从全球范围来看，中国已是当之无愧的造船大国，而且随着创新能力的增强、结构体系的改善、市场竞争力的提升，以及国内需求的加快释放，中国正在加快转向造船强国。

25. 家电产量世界第一

根据国家统计局2018年9月4日发布的报告，改革开放这40年来，中国的工业总量不断跃上新台阶。2017年的工业增加值接近28万亿元，按可比价计算，比1978年增长了53倍，年均增长率为10.8%。同时，由于工业长期保持较快的增长，中国的制造业在全世界的份额也持续扩大。1990年中国制造业占全球的比重仅为2.7%，居世界第九位；2000年上升到了6.0%，位居世界第四；2007年则达到了13.2%，居世界第二；2010年占比进一步提高到19.8%，跃居世界第一。与此同时，空调、冰箱、彩电以及洗衣机等主要家电产品的生产能力也得到了大幅度的提升，生产出的款式更加新颖且多样化，产品功能更人性化、智能化。

新中国家电行业的发展历史，可以分成三个阶段。第一个阶段是1949年至1978年，那时的产品主要是简单的必备家用消费品，如手表、自行车以及缝纫机这三样老的“大件”。由于还处于计划经济条件

商店里琳琅满目的家用电器，昭示买方市场取代了卖方市场。

下，因此这个时期的商品供给能力基本小于市场需求，同时生产出来的产品的设计款式也普遍单一，更新换代速度比较缓慢。到了改革开放之后的十年，中国家电行业逐步进入了第二个阶段，冰箱、彩电以及洗衣机这三样的新“大件”开始出现在老百姓的生活中。与此同时，市场经济的发展也给企业的成长带来了更多的灵活性，随着全国家电市场的规模不断扩大，家电产品的技术含量和外观设计也都焕然一新。不过，当时国内大部分家电生产商的规模，普遍还属于小型的组装企业，具备核心零部件生产技术的厂家还不多。20世纪90年代至今是中国家电行业的第三个发展阶段。在这一时期，无论是家电产品的质量还是生产企业的规模都有显著提升。不少家电企业在经历市场洗礼的过程中不断调整与完善自身的发展，市场上逐渐出现了一批具备雄厚资金和技术实力的国产品牌企业。

进入21世纪以来，一些口碑良好的企业所生产出来的产品还走出国门，出口到了世界其他国家和地区。根据韩国电子信息通信产业振兴会2017年发布的《家电产业现状和展望报告书》显示，2017年主要家电产品的全球生产量为75284万台，其中，中国制造的产品多达42318万台，占总量的56.2%。其中尤为突出的是空气净化器，中国生产2390万台，市场占有率达96.7%。另外，主要家电产品的市场规模也是中国最大，尤其是空调，占全球市场的42.2%。这说明，近年来，随着国内各大家电品牌布局海

海尔、海信等中国家电产品业已行销海外，并在欧美地区设立研发生产基地。

外市场，中国家电在全球市场中的份额也在逐步攀升。

随着国产品牌的崛起和全球布局战略的深化，越来越多的中国产品走向海外市场，也有更多的国产家电企业有了自己的品牌形象。实际上，从中国加入WTO以来，国际化战略就成了中国国内企业经营战略的一大主题。的确，中国家电行业的发展曾经面临过不少的质疑，如“中国制造是低端制造”“中国产品是以牺牲底层劳动者的健康和生态环境为代价换来的”等。中国入世首席谈判代表龙永图则指出，中国家电业是一个很皮实的孩子，很禁打。通过加入WTO以来10年的发展，中国家电业从一个很皮实的孩子变成了一个很争气的孩子。现在来看，中国的家电业的确已经发生了翻天覆地的变化，如今世界各地越来越多的消费者在使用中国产品。

我国家电行业在制造升级的道路上不断奋进，不断提升着制造业整体水平。据观察者网统计，从近几年的国内家电技术大会科技进步奖来看，获奖企业中有42个国内核心企业，占全部奖项的48.8%。2014年，海尔、美的、格力申请或拥有的授权专利数量均超过1.3万项。在家电领域，美的集团更是以专利数量连续三年稳居全球第一。《2017全球创新报告》显示，2016年度排名前十的全球创新家电企业中，中国企业高居第一。随着互联网等新技术的引入，中国家电行业正在进一步向智能化、网络化发展，中国家电行业的转型升级迎来了新的战略机遇。

26. 电话用户规模世界第一

通信，自古以来就是关乎人民生活以及社会发展的重要产业。随着人类科技的进步，电话的出现开始取代传统的信件通信。据环球网数据显示，在1949年新中国成立之时，中国电话的普及率只有0.05%，电话用户26万；1978年，全国电话普及率仅为0.38%，不及世界水平的十分之一。当时中国有占世界五分之一的人口，但拥有话机总数不到世界话机总数的1%，每200人拥有不足一部话机。改革开放以来，中国电话网络建设速度举世震惊，国家统计局发布的改革开放40年经济社会发展成就系列报告显示，到2017年年末，全国电话用户规模达16.11亿户，用户规模居世界第一。其中，固定电话用户数1.94亿户，是1978年的101倍；移动电话用户数14.17亿户，是1988年的47.25万倍。移动电话普及率由1995年的每百人0.3部提高到2017年的每百人102.5部。

20世纪70年代末，中国的电信行业基础设施老旧，技术水平严重不足，拍电报依然是主流业务。随着人们对通信的需求越发迫切，原本落后的中国通信事业开始奋起直追。80年代，程控交换业务的开通，以及推广固定电话的普及是主要工作重点。1982年，中国第一部万门程控电话交换机在福州启用。尽管当时的电话系统容量也在不断地提升，但由于安装成本较高等因素，还是无法充分地满足大部分居民的需要，而且那时候的很多设备来自国外，国产设备为数不多。就在这摸索和学习的过程中，华为和中兴等本土通信企业纷纷成立，同时很多现在的国营通信企业或合资企业也都是在那个时候积累了深厚的技术与资金。

随着移动通信技术的日渐成熟，手机开始流行。最早的手机是大哥大。但是大哥大的存在时间很短暂，此后很快便迎来了GSM的时代，即2G时代。1993年9月19日，中国的第一个数字移动电话GSM网开通。在技术不断更新的同时，中国通信行业的体制改革也在不断推进。1997年，国家开始实施了“邮电分营”政策，引入竞争，相继成立了许多不同的运营商。90年代中期，中国吉通、中国联通、电信长城纷纷成立，到2001年左右，已经基本形成了中国电信运营商“七雄”（电信、移动、联通、卫通、小网通、吉通、铁通）争霸的格局。2002年1月，联通CDMA网络正式开通，标志着中国进入了GSM与CDMA“互相竞争、携手发展”的新阶段。就在运营商发生巨大改变的同时，通信设备商也发生了大规模调整。在这一时期，中国电信运营商的大规模网络建设成功，大幅度地提升了国家电信基础设施。

华为商标

2002年，电信行业进行了第二次重组，中国电信南北分拆，中国网络通信集团公司和中国电信集团公司正式成立。此后，中国电信行业进入了一个相对稳定的阶段。各大运营商相互竞争，移动和联通主要是在移动通信领域激烈竞争，而中国电信和网通则将关注重点放在了发展小灵通业务上。在这个时期，除手机业务以外，伴随互联网的普及，宽带业务也飞速发展。从早期的56K modem（猫）拨号，到后来的1M/2M ADSL，网速不断提升。2008年，新一轮重组又开始了，最

中国网络正由4G升级换代为5G

终形成了目前的三大运营商格局。2009年，工信部为移动、电信和联通发放3G牌照，此举标志着中国正式进入3G时代。与此同时，智能手机迅速崛起，取代了曾经遍布全国的功能机。运营商之间的竞争进入白热化的状态，而在设备商这边，随时间的不断推移，格局也已发生巨变。中国企业经过一轮又一轮洗礼，华为、中兴脱颖而出，在国际市场上也占有了一席之地。

今天，中国迎来了5G时代。2019年的世界移动通信大会的主题是“智能互联”，与会者们分别从第五代移动通信技术（5G）、人工智能、物联网、大数据等多方面进行了相关的展示和讨论，中兴、华为等中国企业展台吸引了多个国家的运营商代表。随着5G商业应用的加速推进，中国企业与国际伙伴都在积极地寻求着更深入的合作。回望中国企业参与全球5G的发展历程，我们就会发现5G网络从标准推出到商业应用的时间比此前的2G、3G、4G都快了许多。中国厂商的参与，能够带给国际运营商更多的利益，而更多厂商的参与，可以使运营商的成本下降并激励更好的创新，也就意味着将带给通信产业更良性的发展。根据全球移动通信系统协会的预测，到2025年全球5G连接数量将达14亿个，未来15年间5G将为全球经济增加2.2万亿美元产值。

新中国成立七十年来，中国通信事业的发展走出了一条从无到有、由弱到强的道路。无论是“网络强国”“宽带中国”，还是智能制造、“互联网+”，中国的移动互联网技术不断取得了新突破，通信基础设施建设不断提速提质，实实在在地为中国经济社会的发展打通了“信息大动脉”。同时，中国通信事业积极走深走细，参与新农村建设，搭起整个社会的“毛细血管网络”。中国新一代信息通信技术与全行业的融合转化，将推动更多行业的转型与升级。中国数字经济的发展和崛起将更好地与实体经济融合发展。伴随新型智能终端加速的普及，以及人工智能、物联网、大数据、云计算等技术的强劲发展，万物互联的5G时代指日可期。

27. 发明专利申请量世界第一

专利申请量是衡量一个国家创新能力和研发产出能力的关键性指标之一。发明专利的申请量和拥有量被公认为是区分一个国家和地区是以资源型模式还是创新型模式谋发展的依据、是最能衡量自主创新水平和能力的一项重要指标。科技部有关负责人在2017年2月的国务院新闻办发布会上表示，中国发明专利申请量和授权量居世界第1位，研发人员全时当量居世界第1位。科技进步贡献率从2012年52.2%升至57.5%，国家创新能力排名从2012年第20位升至第17位。

2019年1月10日，国家知识产权局新闻发言人表示，2018年，中国发明专利申请量为154.2万件。这是自2011年中国发明专利申请量第一次世界第一以来，连续第八次世界第一。在国际方面，中国也一直都在努力建设创新型国家。1995年3月30日中国向世界知识产权组织递交加入《布达佩斯条约》的申请书。世界知识产权组织2018年发布的报告显示，2017年中国国际申请量近4.9万件，是《专利合作条约》框架下国际专利申请的第二大来源国，仅次于美国。

中国发明专利申请量的迅猛发展，与中国30多年来不断完善的专利体系制度紧密相关。根据清华大学学者梁正等人所述，1985年中国第一部《专利法》开始颁布实施，并且经过了1992年、2000年和2008年三次修改，使得中国专利制度从以计划经济为主的治理机制转变为以市场经济为基础的法治体系，逐步与世界接轨，接近世界通行的专利体系。

中国发明专利申请量世界第一

具体来看，在1985年至1992年的初步探索时期，中国专利申请总量很少，国内外申请人的专利申请行为波动较大。20世纪90年代，中国对《专利法》进行初次修改，加强了对知识产权的保护，缩小了与国外知识产权体系的差距，此次修改对吸引海外高新技术企业在中国投资起到积极作用。2000年，为加入世界贸易组织，中国对《专利法》进行了第二次修改，按照世界贸易组织的要求修改了相关内容，使得《专利法》与国际全面接轨。2008年基于国家发展战略需要，中国进行了《专利法》的第三次修改，对发明、实用新型和外观设计专利引进了很多国家采用的绝对新颖性标准。至此，中国专利申请逐渐形成了发明专利、实用新型专利和外观设计专利“三分天下”的局面。总体上，30多年来，中国三种专利申请量都在逐渐增加，尤其是代表了创新水平的发明专利，无论是从比重上还是数量上都有很大提高。专利活动也逐渐向着以技术含量较高的发明专利转变。

中国发明专利申请数量的巨大，体现了中国不断增强的创新能力。中国的科技创新实力增长也获得国外学者肯定。美国佐治亚理工学院技术政策与评价中心联合主任艾伦·波特（Alan Porter）博士认为，中国已经真正改变了科技与世界经济的格局，正在成为研发方面的领导者。欧洲工商管理学院（INSEAD）的全球创新指数（GII）排名也反映了中国的创新进展：中国全球排名从2010年的第43位上升到2018年的第17

位。中国发明专利规模的持续扩大，推动了中国知识产权保护方面的进步与发展，为自主创新创造了良好氛围和环境，有助于积极开展基础创新、前沿新技术创新和产业技术创新，进而实现中国知识产权创造从规模优势向技术优势的转变。

28. 世界第一次成功人工全合成结晶牛胰岛素

1965年9月17日，在经历了6年9个月的艰辛之后，中国科学院上海生物化学研究所、上海有机化学研究所和北京大学化学系的科学家第一次用人工方法合成了一种结构复杂、具有生物功能的蛋白质——结晶牛胰岛素。这一事件，不仅证明了生物到非生物的一个转变和飞跃，填补了生物进化的空白，开创了人工合成蛋白质的新纪元，而且对中国随后的人工合成酵母丙氨酸转移核糖核酸等生物大分子研究起了积极的推动作用，向世界证明了中国也有先进的尖端生化技术。2015年，由中国科学院上海生命科学研究院、北京大学、中国科学院上海有机化学研究所共同建立了“纪念人工全合成结晶牛胰岛素50周年”官方网站，其中刊登了许多关于此项成就的纪念文章，这些文章回顾了中国科学家人工合成结晶牛胰岛素的过程以及其所获得的成就。

胰岛素（insulin）是一种蛋白质类激素，它是人体内唯一能降低血糖的激素，也是唯一同时促进糖原、脂肪、蛋白质合成的激素。它的分子量较小但结构比较复杂，所以在蛋白质的结构与功能研究中占有特殊地位。国外科学家对于胰岛素早有研究。1921年，加拿大外科医生弗雷德里克·格兰特·班廷（Frederick Grant Banting）等因首次成功提取到了胰岛素，并成功地应用于临床治疗，获得了1923年诺贝尔生理学或医学奖。这在当时被认为是糖尿病研究史上的里程碑，激发了各个相关领域科学家的兴趣。英国科学家桑格（Frederick Sanger）从1945年起，

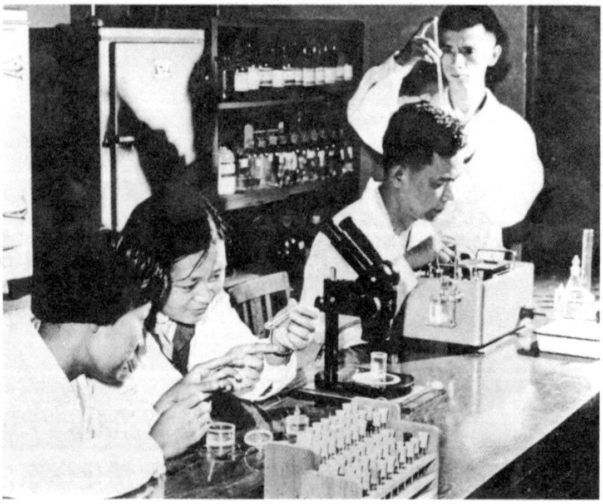

研究人员正在进行人工合成牛胰岛素的研制

经过10年的研究，于1955年报道了牛胰岛素的一级结构，也因此获得了1958年诺贝尔化学奖。尽管蛋白质合成在当时取得了一些成果，但总体来看，人工合成蛋白质研究仍然处于起步阶段，而人工合成具有生物活性的蛋白质更是具有相当的难度。甚至在当时，以维格纳奥德（Vincent du Vigneaud）为代表的大多数权威认为，人工合成胰岛素还不是近期能够做到的。学术刊物《自然》中也发表评论说，“合成胰岛素将是遥远的事情”。

1958年，中国科学家在高级研究人员会议上大胆提出要人工合成牛胰岛素。这一提议得到了国家的支持并被列为60年代第一大任务。1958年12月底，中国人工合成胰岛素课题正式启动。胰岛素的合成不但具有非凡的难度，而且工作强度也十分大。因为合成方案需要分别合成A链和B链，再将两条链重组得到合成胰岛素，这其中包括了近200步反应，而且每一步反应都会影响最后的成败。因此，中国科学院上海生物化学研究所、上海有机化学研究所和北京大学化学系三个单位共同组成研究小组，在前人对胰岛素结构和多肽合成的研究基础上，开始探索用化学方法合成胰岛素。由于工作的复杂性，科学家们在各自擅长的领域兵分五路进行实验，分别为：有机合成、天然胰岛素拆合、转肽、酶激活与肽库及分离分析。1959年，生化所取得了天然胰岛素拆合成功，证明了三对二硫键能够正确连接形成有活性的蛋白质构象，这为后来的研究奠定了坚实的基础。1959—1960年，生化所将胰岛素B链的所有30个氨基酸分别连接成了各种合成肽，解决了胰岛素合成的又一关键问题。虽然随后的“大兵团作战”使得研究走了一些弯路，但通过及时调整，一批科学家秉持着尊重科学规律的精神，继续推进人工合成胰岛素工作。1961年，生化所在胰岛素的B肽链合成和提高胰岛素拆合水平上又取得进步。1963年8月，有机所和北京大学共同展开A肽链的合成工作，由生化所承担最后A、B肽链组合折叠获得活性胰岛素工作。1965年6月，三所开始进行反复的人工合成牛胰岛素A、B肽链的组合与折叠，直至达到具有完整的生物活性。终于，经过6年多坚持不懈的努力，研究小组在1965年9月17日，观察到人工全合成牛胰岛素的结晶，这也是在世界上首次用人工方法合成了结晶牛胰岛素。国家科学技术委员会先后两次组织了鉴定会，两次鉴定都得出一致结论，证明人工全合成结晶牛胰岛素是成功的。1978年，人工全合成结晶牛胰岛素获得了重大科技成果奖。1982年7月，人工全合成结晶牛胰岛素项目又获得国家自然科学一等奖。

这一科研成果得到了国外学术界的关注。1966年4月上旬，负责胰岛素合成的三位研究人员应邀出席在华沙召开的欧洲生化学会联合会议，并在会上作了结晶牛胰岛素全合成的学术报告。与会的西方各国著名科学家热烈祝贺中国科学家取得的重大成果。会议结束后，一些国际知名的科学家访问了中国。1966年4月26日，法国巴黎科学院院士特里亚教授访问了上海生物化学研究所。他说：“这是很好的合作例子，可以得诺贝尔奖。”同年4月30日，瑞典皇家科学院诺贝尔奖评审委员会化学组的主席、乌普萨拉大学生化所所长、诺贝尔奖得主蒂塞利乌斯也访问了上海生化所。他说：“你们第一次人工合成胰岛素十分令人振奋，向你们祝贺。”后来他又说：“人们可以从书本中学到制造原子弹，但是人们不能从书本中学到制造胰岛素。”

结晶牛胰岛素的人工合成，标志着人类在揭开生命奥秘的道路上又迈出了一步，为促进整个国际社会生命科学的进步，促进中国基础研究尤其是生物化学的发展作出巨大的贡献。

29. 世界第一次研制成功抗疟新药青蒿素

2015年，瑞典卡罗林斯卡医学院公布了当年的诺贝尔生理学或医学奖，奖项被一分为二，一半用来表彰阿维菌素的两位发明者，另一半用来表彰青蒿素的发现者——中国本土女科学家屠呦呦，表彰她发现了一种抗疟疾的新疗法——青蒿素抗疟法。在此之前的2011年，屠呦呦还获得了拉斯克奖，用以奖励她第一个把青蒿素带到项目组；她第一次提取出有100%抑制率的青蒿素；她第一次做了青蒿素抗疟临床实验。

因在青蒿素的研发中作出突出贡献而荣获诺贝尔生理学或医学奖的屠呦呦

“青蒿素是人类征服疟疾进程中的一小步，也是中国传统医药献给人类的一份礼物。”屠呦呦总结她的研究历程时表示，中国医药学是一个巨大宝库，青蒿素正是从这一宝库中发掘出来的。中西医药各有所长，二者有机结合，优势互补，应当具有更大的开发潜力和发展前景。中医药研究的深入与新中国的建设密不可分。中华人民共和国成立之初，医药卫生建设几乎是从零开始。血吸虫病一度成为新中国最严重的疾病灾害，众多医药工作者在研究血吸虫治疗药物的道路上，将目光投向了中药这个本土领域。在医疗资源匮乏的年代，中医药便于获得的特性确实使其成为新中国卫生事业建设的一大助力。基于这一成功经验，屠呦呦这一批医药研究者相信用现代科学的手段，能够使古老的中医药焕发出新的生命力，并在医药研制领域成为中国得天独厚的优势。

青　蒿

1. 花枝　2. 头状花序

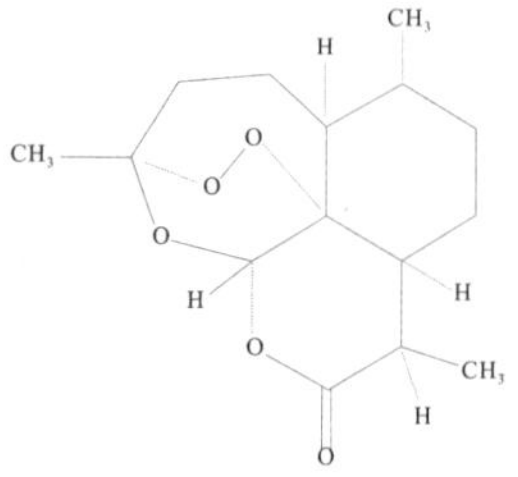

青蒿素

Artemisinin

青蒿素的化学元素构成示意图

在具体实验中，屠呦呦领导课题组从系统收集整理历代医籍、本草、民间方药入手，在收集2000余方药基础上，编写了640种药物为主的《抗疟单验方集》，对其中的200多种中药开展实验研究，利用现代医学和方法进行分析研究。他们在葛洪的著作《肘后备急方》中发现了一个方法：“青蒿一握……尽服之。”这提醒了研究小组，药物的活性成分可能在较低温度条件下提取才可以保持，加热则会破坏其成分。果然，在使用较低温提取方法之后，提取物的活性得到了大幅提升。随后研究小组反复尝试使用试剂提取和分离提取物。直到1971年10月，研究小组终于获得了中性无毒的提取物。经检验，这份提取物对伯氏疟原虫感染小鼠和食蟹猴疟原虫感染的猴子有着100%的疗效。这个结果标志着青蒿素的提取有了质的突破。

几十年前，刚提取出来的青蒿素并没有做临床实验的条件。这种情况下，屠呦呦与她的同事勇敢地成了第一批受试志愿者。最终，在确定药物安全性之后，青蒿素制剂开始在病人身上应用，结果取得了激动人心的疗效，这些患有疟疾的病人迅速好转。在当年艰难的条件下，如果没有屠呦呦及其研究小组的吃苦耐劳和不畏困难的精神，想必抗疟良药青蒿素的问世还要等上更长的时间。

如何将医学研究成果真正转化为药物投入生产，将写在论文字里行间的理论和实验室里得出的实验数据变成人民群众买得起、买得到的药物，这是摆放在以屠呦呦为代表的一代医药工作者面前的难题。1985年卫生部颁发《新药审评办法》，青蒿素的第一个新药证书于1986年由卫生部颁发给中国中医研究院中药研究所，编号为（86）卫药证字X－01号；同年青蒿素栓也获得新药证书，编号为（86）卫药证字X－04号。全国各地的医药研究人员针对不同的病情探索不同的特效药物，一批青蒿素的新药不断获得新药证书。1998—2004年，国家药品监督管理局又先后批准颁发了青蒿素－萘酚喹复方、双氢青蒿素－哌喹系列复方等多个新药证书。其中，蒿甲醚油针剂以及青蒿琥酯片剂，分别在1997年和2002年被世界卫生组织（WHO）列入第9版和第12版“基本药物目录”。青蒿素从实验室提取到工业化规模生产，再到青蒿素类抗疟新药批量生产和投放市场，前后只用了15年时间。这种创新药物的研发效率和速度，不仅在国内是罕见的，即使在医药工业发达的西方国家也是一个奇迹。

推动青蒿素药物研制的背后是新中国彻底防治疟疾的决心。1949年以前，疟疾一度是严重危害中国人民身体健康和生命安全、影响社会经济发展的重要虫媒传染病。中华人民共和国成立后，党和政府高度重视疟疾防治工作，将疟疾作为重点防治的五大寄生虫病之一。70年来，政府所做的不仅仅是全力支持抗疟疾药物的研发，更是根据中国国情，制订了各项政策，出台了一系列举措，建立了相关机构，培养了一支专业技术队伍。几十年的时间，全国疟疾发病人数从3000万减少到了1.4万，流行区范围也大幅缩减。根据联合国千年发展目标高级别会议通过的《全球疟疾行动计划》，中国还制定了《中国消除疟疾行动计划（2010—2020年）》，积极参与到全球范围的利于人类发展的治理行动。从世界第一的医学研究成果到投入市场的特效药物，再到推动全国乃至全世界的疾病防治，这是中国在自身发展的不断摸索中取得的真正成就。

从被各界质疑效用到世界公认的特效药物，从难以提取到《肘后备急方》带来的灵感迸发，从诺贝尔奖到量产的平价药物，青蒿素成了一个传奇。这个传奇的缔造者不仅是屠呦呦一个人，还是一整批为了医学研究无私奉献的研究人员。从曾经的牛胰岛素到今日的青蒿素，关于治疗疾病和保证人民生命健康的探索和实践，中国和中国人从没有停下脚步，今后将走得更快更远。

30. 世界上最早的杂交水稻——籼型杂交水稻

国家杂交水稻工程研究中心研究员袁隆平

中华人民共和国成立以来，中国在农业科技上一项举世瞩目的成就是世界上最早的籼型杂交水稻的育成。达成这项成就的关键人物——袁隆平也因此被誉为“中国杂交水稻之父”。

20世纪60年代初，中国遭受严重自然灾害，粮食严重短缺。1964年，从西南农学院农学系毕业，并任教于安江农业学校的袁隆平开始从事杂交水稻的研究工作。经过9年的艰苦努力，袁隆平于1973年成功选育了世界上第一个实用高产籼型杂交水稻品种“南优2号”，随后又相继育成两系杂交水稻、超级杂交水稻，这些成果在世界上被誉为“东方魔稻”，被称作是中国的“第五大发明”。籼型杂交水稻技术被世界公认为作物育种史上的一次重大突破，这项技术在全国的推广应用使中国成为世界上第一个在水稻生产上利用杂种优势的国家。它不仅解决了中国粮食自给不足的难题，也为全世界减少饥饿现象作出了卓越贡献。

杂种优势是生物界普遍现象，利用杂种优势提高农作物产量和品质是现代农业科学的主要成就之一。1960年，袁隆平从一些学报上获悉杂交高粱、杂交玉米、无籽西瓜等，都已广泛应用于国内外生产中。这使袁隆平认识到：基因分离、自由组合和连锁互换等规律对作物育种有着非常重要的意义。于是，袁隆平跳出了无性杂交学说圈，开始进行水稻的有性杂交试验。1966年，袁隆平在水稻中发现天然雄性不育株，并在国内首次发表了《水稻的雄性不孕性》的论文，由此开始了籼型杂交水稻的研究。从1964年起，袁隆平和助手们先后用1000多个品种，做了3000多个杂交组合。1970年11月23日，袁隆平带领助手在海南岛的普通野生稻群落中，发现一株雄花败育株，并用广场矮、京引66等品种测交，发现其对野败不育株有保持能力，这为培育水稻不育系和随后的"三系"配套打开了突破口，给杂交稻研究带来了新的转机。1973年，袁隆平宣布籼型杂交水稻三系配套成功，水稻杂交优势利用研究取得了重大突破。5年后，袁隆平正式提出杂交水稻育种战略：由三系法向两

中国超级稻

系法，再到一系法，在程序上朝着由繁到简但效率更高的方向发展。1995年中国独创的“两系”法杂交水稻技术配套成熟，开始应用于生产，它保证了中国在杂交水稻研究领域的世界领先地位。1996年，中国超级稻育种计划正式启动，袁隆平提出“形态改良与杂种优势利用相结合”的水稻超高产育种技术路线和设想。从此，中国超级杂交稻育种步入快速发展阶段，并不断取得一系列国际领先成果。

20世纪90年代后期，美国生态经济学家莱斯特·布朗（Lester R. Brown）曾发出过疑问，21世纪谁来养活中国？布朗认为，在发生“人口增加粮食减少”的变化后，中国会面临巨大的粮食缺口问题。但中国的杂交水稻技术使得布朗的疑问带有一丝杞人忧天的意味。自1976年中国大面积推广杂交水稻以后，仅至1994年，稻谷累计增产达2400亿公斤。截至2017年，杂交水稻在中国已累计推广超90亿亩，共增产稻谷6000多亿公斤。粮食作物的单产水平提高后，不仅可以保证国家所需的粮食总产量，同时农民还可以将多余的土地种植经济效益更高的作物，最终使中国的农民富裕。

杂交水稻不仅养活了中国，还为世界其他国家解决粮食短缺问题作出了贡献。1979年4月，在杂交水稻国际学术会议上，袁隆平宣读了自己的论文《中国杂交水稻育种》，这是中国第一次将杂交水稻研究的成功经验传递给世界。1980年和1981年，中国的杂交水稻技术先后转让给美国圆环种子公司和卡捷尔公司，这是中国第一个转让国外的农业专利技术，开创了中国自主发明有偿转让西方发达国家的先河。20世纪90年代初，联合国粮农组织（FAO）将推广杂交水稻列为解决发展中国家粮食短缺问题的战略措施，率先在印度、越南等东南亚水稻种植国实施，取得了良好的效果。在印尼，杂交水稻已推广到13个省份，每公顷11吨的产量高出本地品种一倍多，被当地农民亲切地称为“隆平稻”。2018年，阿联酋副总统兼总理、迪拜酋长穆罕默德·本·拉希德·阿勒马克图姆（Sheikh Mohammed bin Rashid Al Maktoum）将收获的海水稻加工制成精美纪念品作为国礼，作为中阿在“一带一路”倡议下进行农业科技合作的象征。中国的杂交水稻还推广到了非洲，如今，马达加斯加已成为非洲杂交水稻推广面积最大、12年从未间断种植杂交水稻的国家，成为中非经贸合作的经典案例。目前，越来越多的国家开始在本国推广中国的杂交水稻，以此来解决本国人的吃饭问题。

31. 人类探测器首次月球背面软着陆

中华民族关于九天揽“月”的梦想从未中断，从“嫦娥奔月、玉兔捣药”的神话到今日的“嫦娥飞天、玉兔揽月”，中华民族在用自己踏实的脚步去追寻民族的航天梦想。20世纪六七十年代，美国人投入巨资研发“阿波罗计划”，致力于载人登月飞行任务。1969年7月16日，巨大的“土星5号”火箭载着“阿波罗11号”飞船从美国肯尼迪航天中心发射场点火升空，美国宇航员驾驶着“阿波罗11号”宇宙飞船跨过38万公里的征程，承载着全人类的梦想踏上了月球表面，迈出了全人类从地球到月球的一大步。然而，美国人登陆的是月球正面，月球背面的秘密仍然未被揭开。中国的“嫦娥四号”探测器于2019年1月3日成功降落于月球背面，实现了人类探测器首次月球背面软着陆和首次月背与地球的中继通信，这又是人类探索月球的一大步。

实际上，中国科学家有着长远稳步的探月计划。早在1991年，中国航天专家就提出开展月球探测工程，1994年进行了探月活动必要性和可行性研究，1996年完成了探月卫星的技术方案研究，1998年完成了卫星关键技术研究。从1999年开始，国防科学技术工业委员会组织有关部门系统地论证了月球探测的科学目标。自2002年起，国防科工委组织科学家和工程技术人员研究月球探测工程的技术方案。2004年1月，中国的探月计划经过长期准备、10年论证正式被国务院批准立项，命名为“嫦娥工程”。中国由此开启了正式开展月球探测工程的新起点。

“嫦娥号”踏着坚实的步伐，一步一步地拉近中国人与月球的距离。2007年10月24日，“嫦娥一号”在西昌发射成功。中国首次月球探测工程第一幅月面图像通过新华社发布。2008年11月12日，由“嫦娥一号”拍摄数据制作完成的“中国第一幅全月球影像图”公布。2010年10月1日，“嫦娥二号”卫星被成功送入太空。2013年12月2日，“嫦娥三号”在西昌卫星发射中心发射成功。12月14日带着中国的第一艘月球车——“玉兔号”成功软着陆于月球雨海西北部（虹湾着陆区）。2018年5月21日，中国在西昌卫星发射中心用“长征四号丙”运载火箭，成功将探月工程“嫦娥四号”任务“鹊桥号”中继星发射升空。5月25日，探月工程“嫦娥四号”任务“鹊桥号”中继星成功实施近月制动，进入月球至地月拉格朗日L2点的转移轨道。6月14日，“鹊桥号”中继星成功实施轨道捕获控制，成为世界首颗运行在地月拉格朗日L2点Halo轨道的人造卫星。

2019年1月3日10时26分，“嫦娥四号”探测器带着新时代的最强音成功自主着陆在月球背面东经177.6度、南纬45.5度附近的预选着陆区，

“嫦娥四号”着陆器登陆月球背面　月球车“玉兔号”　摄

自主着陆在月球背面南极艾特肯盆地内的冯·卡门撞击坑内，并通过“鹊桥号”中继星传回了世界第一张近距离拍摄的月背影像图，揭开了月球背面的神秘面纱。此次任务实现了人类探测器首次月背软着陆、首次月背与地球的中继通信，开启了人类月球探测新篇章。“嫦娥四号”探测器还将在月球背面通过就位探测和巡视探测，开展低频射电天文观测与研究，巡视区形貌、矿物组分及月表浅层结构研究，并试验性开展月球背面中子辐射剂量、中性原子等月球环境研究。此外，着陆器还搭载了月表生物科普试验载荷，以便于中外科学家进行月背探索研究。

中国此次月背着陆，在国际社会上引起了很大的反响。CNN指出，虽然中国是继美国和俄罗斯后第三个实现登月的国家，但此次着陆意义重大，是人类太空探索领域的一个里程碑。美国国防部密涅瓦研究所撰写太空研究报告的独立分析师纳姆拉塔·戈斯瓦米（Namrata Goswami）认为：“从技术和象征意义上说，这都是一项重大成就。”英国BBC将其称作一次“大胆的”任务，《卫报》把这次“历史性”的着陆定义成“人类太空探索的巨大飞跃”，美国《纽约时报》援引澳门科技大学教授朱梦华的话：“这次太空任务表明，中国在深空探索方面已经达到了世界先进水平。我们中国人做了美国人还不敢尝试的事情。”美国国家航空航天局局长吉姆·布里登斯廷（Jim Bridenstine）也在社交媒体表示：“祝贺中国‘嫦娥四号’团队成功登陆月球背面。这是人类的第一次，也是令人印象深刻的成就！”

科学家认为，月球背面比正面更为古老，冯·卡门撞击坑的物质成分和地质年代非常具有代表性，对研究月球和太阳系的早期历史有重要价值。月球背面也是一片难得的宁静之地，屏蔽了来自地球的无线电信号干扰，便于更好开展射电天文研究。中国人在此开展低频射电天文观测，可以填补射电天文领域在低频观测段的空白，为研究太阳、行星及太阳系外天体提供了可能，也将为研究恒星起源和星云演化提供重要资料。

32. 世界上最大单口径、最灵敏的射电望远镜
——“中国天眼”

2016年9月25日，由中国科学院国家天文台主持建设、有着超级天眼之称的500米口径球面射电望远镜FAST（Five-hundred-meter Aperture Spherical radio Telescope）在贵州省黔南布依族苗族自治州平塘县的喀斯特洼坑中落成，开始接收来自宇宙深处的电磁波。这是目前世界上口径最大的单天线射电望远镜，而且将在未来10年至20年内持续保持世界一流地位。2017年10月10日，中国科学院科学传播局和国家天文台联

中国天眼FAST

合发布了FAST取得的首批科研成果，其中包括新发现的两颗脉冲星，这是中国射电望远镜首次发现脉冲星，实现了中国天文观测在该领域零的突破。在FAST之前，世界上保持领先的射电望远镜主要有德国100米直径的“埃菲尔斯伯格”和美国300米直径的“阿雷西博”，这两项工程被分别誉为“地面最大的机器”和“人类20世纪十大工程之首”。而FAST建成之后，其灵敏度比“埃菲尔斯伯格”提高了约10倍，综合性能比“阿雷西博”提高了约10倍。

从概念提出到望远镜选址、立项、建设至竣工，这项工程历时22年，其中蕴藏着中国科学家们不为人知的艰辛。口径突破百米一直被国际天文学界认为是射电望远镜的极限，建造500米的射电望远镜在国际上更是前所未有，这意味着其结构要实现毫米级精度。建造FAST遇到的第一个难关是选址，若在平地上建百米以上的射电望远镜，巨大的自重会造成形变，所以洼地成为首选。在考察了400多个洼地，并经过反复比较论证后，科学家们最终选定了贵州省平塘县克度镇金科村的大窝凼洼地。选址确定后，FAST的创意又经过了反复多年的锤炼，来自多家科研单位的众多科学家在主动反射面、光机电一体化的馈源支撑系统、高精度的测量与控制、接收机等多项关键技术上开展了14年的合作研究，最终促成这项举世瞩目的中国工程的落成启用。由于国际上没有建设500米口径射电望远镜的先例，因此，很多技术问题都要靠中国的科学家团队自己摸索解决。可以说，FAST是具有中国自主知识产权的大型科学装置，其研制和建设是中国自主创新能力的重要体现。建成后的FAST，将在脉冲星研究、搜寻地外文明等天文领域发挥巨大作用。

搜寻和发现射电脉冲星是FAST的核心科学目标。脉冲星诞生于大质量恒星耗尽其燃料后的超新星爆发。脉冲星最大的特点是会产生具有严格周期性的脉冲信号，这些准确的时钟信号可以为引力波探测、航天器导航等重大科学及技术应用提供理想工具。作为宇宙中一类十分特殊的天体，脉冲星是验证强引力场、强磁场、高密度等极端物理环境下物理规律的“天然实验室”，对脉冲星的研究有助于解答宇宙初始混沌、暗物质分布与大尺度结构，以及星系演化等领域的谜团。

据《人民日报》介绍，FAST的索网结构可以随着天体的移动变化，带动索网上的4450个反射单元在射电源方向形成300米口径瞬时抛物面，从而极大地提升了观测效率。主动反射面让FAST拥有更广的观测范围，能覆盖40度的天顶角。因此，就目前来看，“中国天眼”将凭借其无与伦比的灵敏性，成为观测脉冲星的利器，以填补此前中国天文学界对脉冲星研究的空白。此外，据国际在线介绍，除了观测脉冲星，“中国天眼”在不远的未来还将巡视宇宙中的中性氢，研究宇宙大尺度物理学，以探索宇宙起源和演化，以及搜索可能的星际通讯信号。也就是说，“中国天眼”不仅能够探索宇宙起源和演化，还能够捕捉与外星人相关的信息。

中国科学院国家天文台对外公布，截至2018年9月，FAST已经探测到59颗优质脉冲星候选体，其中44颗已获得认证。2018年2月，FAST探测到有史以来最暗弱的毫秒脉冲星之一，这颗脉冲星是其他国家的射电望远镜没有看到的。2018年5月17日，“中国天眼”安装了国际上首台19波束L波段接收机，并在6月初投入使用。该接收机启用后，“中国天眼”巡天速度提高了5倍到6倍，同时也拓展了更多的科学观测目标。

33. 世界上最快的超级计算机——“神威·太湖之光”

2016年6月20日，在德国法兰克福举行的国际超级计算大会（ISC16）发布了超级计算机TOP500榜单，中国“神威·太湖之光”超级计算机系统首次亮相并获得冠军。2017年11月13日，新一期全球超级计算机500强榜单发布，中国超级计算机“神威·太湖之光”和“天河二号”第四次分列冠亚军。在总数上，中国上榜的超级计算机达到202台，第一次超过美国夺得第一。中国超算的总性能也超越美国，占该榜单总处理能力的35.4%。这标志着中国超级计算机研制能力已达到世界先进水平。

超级计算机，又称巨型计算机，其浮点运算速度为每秒1亿次以上，是在一个时代各类计算机中性能最好、功能最强、运算速度最快、存储容量最大的一类。它可以直接用于高端技术和前沿科学研究，推动国民经济发展、社会进步和国防建设。“二战”后，美国大力发展战略核武器，涉及大量复杂计算。于是IBM、UNIVAC和CDC公司等主流计算机公司都开始了超级计算机早期系统的研发。1946年，世界上第一台电子计算机“埃尼阿克”（ENIAC）在美国宾夕法尼亚大学诞生，从而开启了计算机与信息化时代。1976年“Cray-1”横空出世，创造了当时举世无双的超级速度——每秒1亿次运算，成为真正意义上的超级计算机，轰动了全球计算机界和科学界。1993年，德国曼海姆大学教授汉斯、埃里希等人创建了全球超级计算机TOP500排行榜，对世界最强大的500台计算机进行排名，每年发布两次，成为评测各国超级计算机水平的重要标准之一。如今，超级计算机系统已经成为一个国家科技实力的重要体现，也是世界各国竞相角逐的科技制高点。

中国计算机研究工作始于20世纪50年代。1953年1月，中国首个电子计算机科研组正式成立。1956年，中国科学院筹建成立了计算技术研究所。1959年，该所研制成功了中国第一台大型通用快速电子计算机。20世纪60年代，中国尖端科技如战略核武器、航空航天飞行器设计等不断发展，迫切需要运算速度极高的计算机。1978年3月，邓小平在全国科学大会上亲自将计算机研制任务交给了国防科技大学。最终，国防科技大学的科研团队历经五年奋战，研制出中国第一台亿次巨型计算机“银河-Ⅰ”，这使中国成为继美、日之后世界上第三个能够自主研发巨型计算机的国家。此后，国防科大又相继研制出“银河-Ⅱ”“银河-Ⅲ”等巨型机。2010年11月，国防科大研制的中国首台千万亿次超级计算机“天河一号”在TOP500排行榜上力压美国，问鼎冠军。之后“天河二号”在TOP500实现“六连冠”，“中国超算”开始在全球享有盛誉。而此次的“神威·太湖之光”计算机系统是由国家并行计算机

超级计算机“神威·太湖之光”

工程技术研究中心所研制，是“十二五”期间国家863计划信息技术领域的重要部署，也是国家长期支持、技术积累的成果。这套超级计算机系统的持续性能是“天河二号”的三倍，全部采用中国自主芯，并且其能效也居于世界领先地位，可以说取得了数量级、自主研发与绿色节能三大突破。

将速度优势转化为应用优势是研制超级计算机的核心目标所在。据国家超级计算无锡中心工作简报介绍，截至2016年，国家超级计算无锡中心已经承接了国内30多个重大应用项目。2016年11月18日，中科院软件所与清华大学联合北师大组成的研究团队，在美国盐湖城举行的2016年国际超级计算大会上，凭借“千万核可扩展全球大气动力学全隐式模拟”这一应用研究，领取了高性能计算应用领域最高奖——戈登·贝尔奖，实现了中国高性能计算应用成果在该奖项上零的突破。2017年11月17日，中国的研究团队在美国丹佛举行的国际超级计算大会上再次获得了戈登·贝尔奖，其获奖应用——“非线性地震模拟”同样基于“神威·太湖之光”超级计算机的强大计算能力而完成。中国的超算能力吸引了国外媒体的目光。英国广播公司报道称，世界超级计算机排名的逆转反映了中国在研发方面投入的增加，中国现在占全球超级计算机研发总支出的20%左右。法新社的报道称，中国的超级计算机不仅在数量上超过了美国，而且在总体表现上也超过了美国，中国作为全球超级计算机领导者的地位日益彰显。

34. 世界上最大的水陆两栖飞机

水陆两栖飞机，指的是既能够在陆地起降，也能够在水面起降的飞机，相比直升机，它的起降条件更低，不容易受恶劣天气的影响，因此能够执行多种任务。目前，世界上最大的水陆两栖飞机是大型灭火/水上救援水陆两栖飞机AG600，它是中国大飞机三剑客之一，与运－20、C－919并列为中国自主研制的三种大飞机，其总体技术水平和性能达到当前国际同类飞机的先进水平，具有完全自主知识产权，可满足中国民航适航规章要求。

2018年10月20日，AG600在水面降落后驶向陆地　程敏 摄

作为国家航空工业重大工程研制项目的AG600，2009年6月经国家正式批复立项，其设计思路是“水陆两栖、一机多型、系列发展”。2016年7月23日，AG600飞机01架机在珠海实现总装下线，标志着该型机首架机机体结构和机载系统安装工作正式完成，全面进入地面联调联试阶段，为下一步首飞奠定了良好的基础。2017年12月，AG600在珠海成功实现陆上首飞。2018年10月20日8时45分，AG600飞机在湖北荆门漳河机场滑行入水，水上首飞成功。

从外观来看，AG600既像是一艘会飞的船，又像是一架会游泳的飞机，它采用的是悬臂式上单翼、前三点可收放式起落架、单船身水陆两栖飞机布局形式，机长37米，翼展38.8米，机高12.1米。此外，AG600的性能十分突出，最大起飞重量53.5吨，最大巡航速度500公里/小时，最大航时12小时，最大航程4500公里。从实际功能来看，AG600可谓是个多面手，不仅具备执行森林灭火、水上救援等多项特种任务的能力，

正在空中飞行的水陆两栖飞机AG600

而且在根据需要加改装后，还可以执行海洋环境监测、资源探测、岛礁补给、海上缉私与安全保障等多种任务。

在森林灭火方面，AG600的最大载水量为12吨，20秒内可一次汲水12吨，单次投水救火面积可达4000余平方米，可以单次齐投12吨水，也可以分批次投水。AG600在接到森林灭火指令后，可以在陆上机场向水箱注水或到火源地区附近水域滑行汲水后飞到火区上空，按照灭火指挥系统的统一指挥和火情的大小，直接往返投水灭火，或者多机集中往返灭火，同时还可以为被困的人员和其他的灭火人员及灭火机械开辟出进出火区的安全通道。

除了是“灭火能手”之外，AG600还是个远海“救护高手”。与船舶相比，在海上救援方面AG600的优势在于速度快、航程远，可以在复杂的气象条件下实施水面救援行动。单次水上应急救援就能救护50名遇险人员。可以说，它切实地提供了开展中远海距离水上救援工作的保证。此外，AG600的功能还可以拓展到海上运输、巡逻、执法及维权等方面。以驰援中国的南海维权为例，从三亚到南海的曾母暗沙，以前用船要一周的时间，现在有了AG600，4个小时就能到达事发现场，还可以盘旋数小时。

AG600的研制成功，填补了中国大型水陆两栖飞机的空白。AG600是中国航空工业坚持自主创新取得的重大科技成果。根据环球网的报道，AG600全机共有5万多个结构及系统零部件、近120万个标准件，98%的结构及系统零部件由国内供应商提供，全机机载成品90%以上为本国产品。此外，总共有20多家系统级成品供应商，20个省市、150多家企事业单位、10余所高校的数以万计的科研人员参与了该项目的研制。AG600的研制与首飞成功，是中国创新驱动和军民融合战略、加快建设制造强国和科技强国的标志性成果。未来，相信AG600将在后续正式飞行中，经历各种考验和历练，不断完善、改进和提升，成为更好的两栖飞机。

35. 中国航天发射次数世界第一

2018年12月29日16时，“长征二号丁”运载火箭腾空而起的那一刻，长征系列运载火箭进行了其历史上第297次发射，这也是2018年中国航天发射成功的收官之作。至此，中国航天2018年共完成发射39次，首次超越美国，位列全球第一。

航天事业具有复杂性、艰巨性和冒险性，是人类历史上最为复杂的工程，高昂的代价需要综合国力作保障。进入20世纪后，人类的科技

“长征七号”运载火箭（图左）与“长征五号”运载火箭对比图　张文军 摄

水平支撑起各大国进军太空的梦想。1957年，苏联科学家将人类带入了航天时代，宇航员加加林首先留下了人类在太空的印记。此后，美国的阿波罗工程又让遥远的“月宫”图像近距离出现在世人面前。中华人民共和国成立之初，就开启了自己的航天事业。1956年2月，当时的著名科学家钱学森向中央提出《建立我国国防航空工业的意见书》；4月，中华人民共和国航空工业委员会成立，负责统一领导中国的航空和火箭事业。1958年4月，中国开始兴建第一个运载火箭发射场。1958年5月17日，毛泽东主席在中共八大二次会议上指出：“我们也要搞人造卫星。”1960年2月19日，中国自行设计制造的试验型液体燃料探空火箭首次发射成功；同年9月，探空火箭发射成功。1970年4月24日21时31分，中国“东方红一号”飞向太空。这是中国发射的第一颗人造卫星。

改革开放后，中国的航天事业奋发有为，不断取得新的突破。2003年10月15日，“神舟五号”载人飞船搭载中国首位飞天航天员杨

正在点火升空的中国长征运载火箭

利伟进入太空。2005年10月12日，“神舟六号”搭载费俊龙、聂海胜两名航天员升空。2008年9月25日，“神舟七号”搭载翟志刚、景海鹏、刘伯明三名航天员升空，翟志刚身着飞天服完成首次出舱行走。翟志刚以自己的一小步，迈开了中国人探索太空的历史性一大步——中国从此成为世界上第三个独立掌握空间出舱技术的国家。展望未来，当“天宫号”空间站遨游太空之时，中国人的空间站时代将进入常态化，并将为人类利用太空作出更大贡献。

中国航天事业辉煌成就的背后是“长征”家族运载火箭的支撑。从1970年4月24日中国的第一次航天发射算起，中国从只有年发射1次的纪录到1990年突破年发射5次，用时20年。从一年发射5次到一年发射10次用了15年。到2018年，中国已经是年发射次数39次的频率。如果按照发射次数100次划分，从1970年发射第一颗人造卫星“东方红一号”开始，中国用36年时间完成第一个100次航天发射，平均每年发射不到3次。此后，中国用近8年时间完成第二个100次航天发射，平均每年发射12.5次。而到2018年9月，中国仅用不到5年时间完成了第三个100次航天发射，平均每年发射超过20次。2018年12月24日，SpaceX公司CEO埃隆·马斯克（Elon Musk）发表推特惊叹，今年中国航天发射次数首次超过美国，中国的航天进步令人吃惊。

36. 世界第一大能源生产国

改革开放40年来，中国能源行业发生巨变，取得了举世瞩目的成就，能源生产和消费总量跃居世界首位，清洁能源消费比重持续提升，给经济社会发展注入源源不断的动力。国家统计局于2018年9月发布了“改革开放40年经济社会发展成就系列报告”，其中的能源报告显示，中国能源生产实现大发展，生产能力大幅提升，初步形成了煤、油、气与可再生能源多轮驱动的能源生产体系，基础保障作用显著增强，已成为世界能源生产第一大国。

该报告显示，1978年，中国能源生产总量仅为6.3亿吨标准煤，2017年则达到35.9亿吨标准煤，比1978年增长4.7倍，年均增长4.6%。与此同时，各品种能源的生产齐头并进。2017年，原煤产量35.2亿吨，比1980年增长4.7倍，年均增长4.8%；原油产量1.9亿吨，增长0.8倍，年均增长1.6%；天然气产量1480亿立方米，增长9.4倍，年均增长6.5%；一次电力产量1.8万亿千瓦时，增长30.5倍，年均增长9.8%。

能源品种结构也更加清洁化。众所周知，煤电是保障中国电力供应的主力电源，同时也是煤炭清洁高效的利用方式。在相关技术的支持下，我国煤电行业实施超低排放和节能改造，大幅减少污染物排放和能源消耗，积极主动转变发展方式，不断提高能源生产清洁化水平。来自国家能源局的数据显示，2014年至2018年第三季度末，中国煤电机组累计完成超低排放改造7亿千瓦以上，占全部煤电机组的75%以上，加上新建的超低排放煤电机组，中国达到超低排放限值的煤电机组已达7.5亿千瓦以上；节能改造累计也已完成6.5亿千瓦。目前，中国煤电清洁高效发展取得阶段性成果：煤电超低排放和节能改造“十三五”总量目标任务提前两年完成，已建成世界最大的清洁煤电供应体系。经过超低排放和节能改造，2014年以来，中国煤电行业二氧化硫、氮氧化物、烟尘年排放量大幅下降，供电标准煤耗也呈现明显下降趋势，煤电逐步成为安全、清洁、高效的基础性电源。煤电的改进与发展有力推动了能源清洁发展，为大气污染防治作出了重要贡献。

回望过去，受我国能源资源“多煤少油缺气”结构的影响，中华人民共和国成立初期的原煤占能源生产总量的比重始终保持第一，基本维持在70%到80%之间。党的十八大以来，随着能源供给侧结构性改革的持续推进，中国能源生产发生巨大变革，结构由原煤为主加速向多元化、清洁化转变，发展动力由传统能源加速向新能源转变。2017年与2012年相比，原煤、原油等传统能源生产明显放缓，占比大幅下降：原煤产量年均下降2.2%，占能源生产总量比重下降6.6个百分点；原油产量年均下降1.6%，占比下降0.9个百分点。天然气、水电、核电、新能源（风电、太阳能及其他能源）等清洁能源加速发展，占比大幅提高：天然气产量年均增长6%，一次电力及其他能源产量年均增长9.7%。此外，水电、风电等可再生能源利用率也得到显著提升，中国能源清洁化速度明显加快。2018年年底，在非化石能源发电中，中国水电累计装机3.52亿千瓦，水电新增发电装机854万千瓦，是全球水电新增装机容量最大的国家；水电、风电、光伏发电装机规模都位居世界第一。另外，在生物质发电领域，截至2018年，已经累计装机1781万千瓦。中国在新能源发电领域，已经处于世界领先地位。

新中国成立70年来，中国的能源发展实现了前所未有的重大变化，取得了举世瞩目的历史性成就。特别是党的十八大以来，面对国际能源发展新趋势、能源供需格局的新变化，中央提出“能源革命”的战略思想，明确了中国能源发展的方向、目标，使能源生产和消费产生巨大变革，推动发展动力和结构向新能源、多元化转变，促使节能降耗工作取得新成效。未来，“能源革命”还将继续前进，进一步推进风电、光伏发电无补贴平价上网项目建设，推进风电、光伏电站项目竞争配置工作机制建设，推进可再生能源电力消纳保障机制建设等，全面促进可再生能源的高质量发展。

37. 世界第一大稀土生产国

稀土是现代工业文明的重要战略资产，被誉为“工业的维生素”“工业黄金”，具有优异的磁、光、电性能，对改善产品性能、增加产品品种、提高生产效率具有举足轻重的作用。根据数据统计，全球稀土总储量约为1.26亿吨，其中44%来自中国。1992年邓小平就曾提到“中东有石油，中国有稀土”，一语道出了中国稀土资源的国际地位。中国是唯一能够提供全部17种稀土金属的国家，特别是军事用途突出的重稀土，中国占有的份额更多。中国白云鄂博矿是世界上最大的稀土矿，占国内稀土资源储量的90%以上。因此，中国也就成为世界上第一大稀土生产国。

稀土是一组包括17种典型稀有金属元素的战略资源，且异常珍贵。它储量稀少、不可再生、分离提纯和加工难度较大，被广泛应用于冶金、军事、石油化工、玻璃陶瓷、农业和新材料等领域。稀土关系到一个国家尖端国防技术的开发，也因此被称为“万能之土”。作为一项战略性资源，在工业上，稀土是“维生素”，在荧光、磁性、激光、光纤通信、贮氢能源、超导等材料领域有着不可替代的作用。在军事上，稀土是“核心”。目前几乎所有高科技武器都有稀土的身影，且稀土材料常常位于高科技武器的核心部位，它广泛应用在导弹、智能武器、喷气式发动机、导航仪及其他相关现代军事高科技装备上。可以说，现代的陆、海、空、天部队武器装备里都少不了稀土。

改革开放40年来，中国稀土产量不断增加，尤其是近年来，对全球的稀土供应率常年保持在85%以上。1994年，中国稀土产品的商品量达到2.8万吨，居世界第一。据统计数据显示，截至2017年，中国稀土储量达4400万吨，排在世界首位，储量占世界总储量的36.35%；其次是巴西和越南，储量达2200万吨，占全球总储量的18.17%；俄罗斯稀土储量1800万吨，占全球的14.87%；印度储量690万吨，占全球总储量的5.7%。2017年全球稀土产量在13万吨左右，中国稀土产量为10.5万吨，约占全球总产量的80.77%。中国以占全球36.35%的稀土储量满足全球80.77%的稀土供应，中国的稀土工业已实现了储量第一、产量第一、出口量第一。

根据工业和信息化部的统计数据显示，全球稀土产量的90%以上被中、日、美、欧消费，而需求的增长主要依靠中国的供应。2018年世界稀土矿产量约20.22万吨（折合稀土氧化物REO），比2017年增长12%，其中中国稀土矿产量16万吨，占79.1%。凭借稀土资源储量最丰富、品种最齐全等优势，中国把稀土资源定位为重要的战略资源，同时也成为全球稀土市场的主要供应国。2018年10月，美国国防部发布题为《评估和强化制造与国防工业基础及供应链弹性》的报告。这份报告列举了约300个国防产业基础的具体弱点，其中也谈到了稀土的问题。报告称，中国在供应对于美国国家安全来说具有战略性和致命性的武器原材料，这种危险性越来越明显且在不断增大。由此可见，稀土作为一项重要的战略资产，对于国防安全起着关键性的作用，这也是稀土的最大价值所在。

对于中国来说，稀土供给的格局已经发生变化。2017年除中国之外的稀土矿产供应量为19500吨，比2016年增长15%。2018年中国以外的稀土矿产供应量为41900吨，是2017年的2.1倍。中国稀土产量从2017年占全球总产量的80.77%下降到2018年的79.1%，这主要是因为全球范围内稀土矿的不断发现以及澳大利亚和美国的稀土开采量逐年提升，导致世界稀土供应格局出现多元化趋势。然而，不论稀土供应格局如何变动，中国依然凭借稀土的储存量、供应量稳坐世界头把交椅，依然是独一无二的稀土资源主导国。

38. 世界第一自行车大国

自行车作为一种便捷的交通工具，满足了居民的日常交通需求，曾长期成为城乡居民的重要代步工具。中国曾是名副其实的“自行车王国”——世界最大的自行车市场、最大的自行车制造国。随着汽车工业、公共交通和全国交通运输网的发展和完善，自行车在中国人的交通出行方面的重要性有所下降。近年来，“自行车王国”又被共享经济和“互联网+”赋予了新的活力。

自行车是消费需求转型升级的时代缩影。在票证经济时代，自行车票一票难求。改革开放初期，如何满足庞大的市场需求、提高自行车生产量成了企业和经济管理部门的关注重点。据国家统计局数据显示，1979年至21世纪初，中国城乡居民自行车保有量、生产量和销售量飞速增长。1979年，城镇居民平均每百户自行车拥有量已经达到

济南火车站附近供人们使用的共享单车

113辆，1988年农村也达到了107.5辆，可以说在20世纪80年代自行车就已经走进了千家万户。中国很快成为并长期稳居世界第一大自行车制造国。20世纪90年代末，中国的自行车行业迎来了拐点。随着国民经济的发展、居民收入的增加和交通网络的完善，中国人在出行方式上有了更多的选择。从1995年至2016年，随着民用汽车保有量从1040万辆攀升至1.9亿辆，自行车的保有量从6.7亿辆急剧下降至3.3亿辆。而以2008年北京奥运会为契机，自行车环保和有利于健康等优点开始受到关注。据中国自行车协会介绍，中国的自行车爱好者在2016年年底达到2000万人，并且正以每年50%以上的速度增加。

目前，被称为互联网时代的“新四大发明”之一的共享单车，让“自行车王国”标签成为当代中国市场经济活力、创业创新和绿色发展的一大象征。共享单车是一种新型环保共享经济，实质上是一种新型的自行车租赁服务。中央提出了创新、协调、绿色、开放、共享的新发展理念，共享单车就是这一新发展理念的生动例证。2016年是中国共享单车发展元年，中国相关企业快速发展并成为这一领域的领跑者。在CB Insights公布的最新全球独角兽公司中，哈啰单车榜上有名。国外市场上的共享单车多是插卡缴费、固定位置，而中国共享单车的首创性在于利用移动支付、GPS定位、APP扫码功能，打造了一个全新的商业模

北京共享单车服务人员正在整理车辆

式。2018年2月9日，交通运输部有关负责人透露，目前中国市场上共有77家共享单车企业，已经投入了约2300万辆共享单车，累计运送170亿人次，最高日运送达到7000万人次。除了供国内用户使用，中国的共享单车还积极扩展海外市场，现已推广到全球百余个城市。在亚洲，中国的共享单车已经逐步占据了泰国、马来西亚等国家的大部分市场。不仅如此，国内共享单车主要企业已经宣布进入捷克、意大利、俄罗斯、荷兰四国，并登陆五大欧洲名城——布拉格、米兰、莫斯科、鹿特丹、格罗宁根。

共享单车体现了中国企业的创新和开拓，带动了制造业增长，同时为就业市场注入了强心剂。据不完全统计，共享单车企业累计申请专利数超过300项，有力地带动了自行车行业的技术升级。2017年上半年共享单车提供了自行车企业中80%的就业岗位，贡献了巨大的市场订单。共享单车对提高交通效率和节能减排的作用不可忽视。交通运输部科学研究院发布的《2017年中国主要城市骑行报告》显示，共享单车和城市公共交通系统的结合明显地提高了出行效率。经历了几年的高歌猛进后，中国的共享单车发展也面临新的挑战。对此，国家发改委有关负责人指出，任何行业的发展都有起伏波动，特别是新兴产业、新生事物也存在着不确定性，要以审慎包容的态度对待。企业发展还要静心专注实业，扎实创新。

中国共享单车的发展也吸引了外媒的目光。2016年10月12日，美国彭博新闻社发文称，中国正重新成为自行车大国。30年来，中国的现代化意味着效仿美国等汽车轮子上的国家。如今自行车共享正使中国置身于一种曾濒临被摒弃的交通方式的最前沿。若幸运的话，这将向其他城市和国家表明回归过去亦是不断前行。《日本经济新闻》在2016年11月30日的文章中说道，中国正在从自行车大国向自行车强国进化，自行车在中国社会中的地位正在迅速发生变化。2017年7月18日，美国《外交学者》发文表示，中国共享经济势不可挡，共享经济是“走出去”的第一个小步伐，且是成功的一步。

中国从世界最大自行车市场和制造国到全球共享单车的领跑者，而自行车从衡量城乡居民生活和收入水平的物件标准，到遍布中国的城市、乡村、大街小巷，再到今天成为绿色、低碳、环保出行理念的代表，这其中的变化反映的不仅是中国经济发展带来的生活条件改善和制造业实力的提升，更反映了中国在绿色发展和共享经济领域的开拓和创新。

39. 货运量位居世界第一的内河——长江

长江是中国第一大河，是横贯中国东西的水运大动脉，素有“黄金水道”之称。长江干线航道上起云南水富港，下至长江入海口，全长2838公里。长江沿线港口基本形成了以国家主要港口为骨干、地区重要港口为基础辐射全流域的总体格局，构成了比较齐备的集装箱、铁矿石、煤炭等江海转运体系，以及汽车滚装和液化品等专业化运输体系。长江经济带已成为继长三角、珠三角、环渤海之后的中国经济增长“第四极”。内陆地区可借长江黄金水道的天然优势发展物流成本较低的钢铁、汽车等产业。2005年，长江货运量首次超过美国密西西比河、欧洲

黄金水道长江

莱茵河，由原来的世界货运量第三位跃居首位。此后至今，长江航运量一直居于世界首位。据长江航务管理局数据显示，2018年，长江干线年货物通过量达到26.9亿吨，较2017年增长7.6%，稳居世界内河首位。由于所经地区人口众多且经济发达，长江成为货运量位居全球内河第一的黄金水道，长江通道也成为中国国土空间开发最重要的东西轴线，在区域发展总体格局中具有重要战略地位。

根据交通运输部的数据显示，中华人民共和国成立70年以来，长江干线航运量发生了翻天覆地的变化。目前，沿江经济社会发展所需的85%的铁矿石、83%的电煤和85%的外贸货物运输量（中上游地区达90%），主要依靠长江航运来实现。全行业从业人员超过200万，间接带动就业人数超过1000万。此外，长江流域的亿吨大港现在达到14个之多，万吨级生产性泊位从寥寥无几发展到587个。长江干线形成了三大航运中心、5个自由贸易区、22个主要港口、26个水运开放口岸。长江水系14个省市拥有内河货运船舶近12万艘，船舶大型化、专业化、标准化水平日益提升，长江干线货船平均吨位从改革开放初期的150吨提升到1780吨，增长近11倍，同样居世界先进水平。

在航运市场方面，截至2017年年底，长江水系14个省市内河船舶运输企业达3700余家，港口企业2000余家。长江干线年货物通过量大幅增长，从1979年的0.4亿吨增长到2017年的25亿吨，增长约60倍，并连续多年位居世界内河第一；三峡船闸年货物通过量从0.34亿吨增长到1.42亿吨，增长3倍多；规模以上港口吞吐量从0.8亿吨增长到24.7亿吨，增长近31倍；集装箱由3.7万标准箱增加到1750万标准箱，增长约472倍。

在科技方面，航道维护管理、港口装卸设备研制应用、船型研发、船舶交通安全管理、三峡工程通航研究、管理科学研究等领域都取得了显著成绩。长江电子航道图和太阳能一体化系列航标灯，都是国内首创、国际领先。在绿色航道建设方面，长江航道形成了生态修复和生态补偿相结合的新机制；长江航运也在绿色建设方面取得出色成绩，采用港口岸电、港口机械清洁能源，建设船舶污染物岸上接收转运设施、优化LNG加注站布局。同时，长江航运累计拆除、改造老旧落后运输船舶4.3万余艘，新建LNG动力示范船、三峡船型示范船279艘，着力加快绿色船舶建设。在各界大力呼吁下，全国人大采纳了“非法采砂入刑”建议，在长江流域付诸实践，这为长江流域在发展航运业之余仍能够保有一个良好的生态环境提供了强有力的保障。

党的十九大报告首次提出要建设交通强国。长江航运作为交通强国的重要组成部分，具有独特的资源优势、生态优势和经济优势，将成为建设交通强国的优先选择和先行领域。从发展空间看，长江航运已经具备了由大到强的坚实基础，但对标人民群众日益增长的美好生活需要，还需要实现新的历史跨越。从发展质量看，建设现代化经济体系对长江航运高质量发展提出了全新要求，质量变革、效率变革和动力变革需加速推进，长江航运供给侧结构性改革需持续深化。从发展前景看，长江经济带、交通强国等国家战略多重叠加，重大政策相互交会，沿江经济社会开放新格局进一步扩大，为长江航运带来了前所未有的发展红利。在新时期，长江航运将把长江黄金水道建设成为绿色新廊道、陆海协同发展的经济主通道，更充分地发挥生态与经济的双重效益。

40. 高速铁路总里程世界第一

火车是近代工业革命的产物。1825年，当英国工程师史蒂芬森设计的世界上首列在公共铁路载客的蒸汽机车试车成功时，火车成了人类历史上第一个完全依赖机械动力的交通工具。正是借助铁路的便捷性，英国率先实现工业化，并第一个迈向近代化。第二次世界大战后，由于汽车、航空等交通工具的发展，铁路逐渐成为夕阳产业，将铁路提升为高速铁路成为当时人们的愿望，这一设想率先在日本被付诸实施。1964年10月，连结东京、名古屋和大阪的东海道—山阳新干线建成运营，列车当时的最高运行速度为每小时200公里。在高速铁路的带动下，20世纪70年代，日本经济快速增长，崛起为世界第二大经济体。经过十多年的建设，中国高铁取得历史性突破。2018年3月5日，李克强总理在政府工作报告中指出，“高速铁路运营里程从9000多公里增加到2万5千公里、占世界三分之二”。截至当时，中国高铁以2.5万公里的营业总里程稳居世界第一位。

中华人民共和国成立前夕，全国铁路总长只有1万多公里，而且主要集中在经济较为发达的东北和东部地区。1978年，伴随着改革开放的步伐，中国铁路致力于扩大路网规模和提高速度。然而，不断发展的中国铁路仍然未能满足经济社会快速发展的需要。从20世纪90年代开始，为了发展高速铁路，中国集中科研力量开展技术攻关。1999年8月秦沈客运专线开始兴建，于2003年10月开通运营，设计时速200公里。此后，高速铁路改写了中国火车跑得慢的历史。2004年1月，国务院常务会议通过了中国第一个《中长期铁路网规划》，绘就了超过1.2万公里的“四纵四横”快速铁路客运网。

2011年6月，京沪高铁建成通车，全长1318公里，线路纵贯北京、天津、上海三大直辖市和冀、鲁、皖、苏四省，将环渤海和长江三角洲两大经济圈连成一体，是世界上等级最高的高铁。2012年12月1日，哈尔滨日平均气温-15℃，一条从哈尔滨到大连的高速铁路贯通，全长921公里，哈大高铁成为世界上第一条穿越高寒季节性冻土地区的高速铁路。同年12月26日，北京至广州的京广高速铁路实现全线通车，全长2298公里，这是迄今全球运营里程最长的高速铁路。2013年年底，以中国高速铁路运营里程正式突破1万公里为标志性节点，中国成为世界上高速铁路投产运营里程最长、在建规模最大的国家。

国际铁路联盟（UIC）总干事长让·皮埃尔·卢比努（Jean-Pierre

“和谐号”高铁

Loubinoux）在第十三届中国国际现代化铁路技术装备展览会上曾说："中国是高速铁路发展最快的国家，对世界高铁的发展贡献突出。"高速铁路强烈影响着人们的出行习惯，改写着人们的生活面貌。今天，在中国广袤的版图上，从沿海到内陆，从高纬度严寒地区到海拔3000米以上的高原地区，一系列高速铁路干线已完成建设并投入运营。从桥梁到隧道，从无砟轨道到无缝钢轨，建设人员以一系列创新技术，逢山开路，遇水架桥，展示了中国在各种地质条件下建设高速铁路的实力。

2016年修编的《中长期铁路网规划》提出："到2020年，一批重大标志性项目建成投产，铁路网规模达到15万公里，其中高速铁路3万公里，覆盖80%以上的大城市……到2025年，铁路网规模达到17.5万公里左右，其中高速铁路3.8万公里左右，网络覆盖进一步扩大，路网结构更加优化，骨干作用更加显著，更好发挥铁路对经济社会发展的保障作

上海磁悬浮列车

用。展望到2030年，基本实现内外互联互通、区际多路畅通、省会高铁连通、地市快速通达、县域基本覆盖。”中国高铁已成为“中国制造”和“中国速度”的标杆，是展示中国形象的亮丽名片，在世界范围内影响日益深远。此外，高铁是建设创新型国家的重大成就之一，正悄然影响着每一个中国人的生活。

20世纪末，中国高铁是采用轮轨技术还是磁浮技术，在国内引起了激烈争论。轮轨技术的优点是技术成熟、安全可靠、互通性好。磁悬浮列车和轨道由于具有造价费用极高、难以兼容现有铁路系统、无法变轨、对线路和地域环境要求苛刻、技术难题有待突破等缺点，与高铁体系相比优势不明显。20世纪70年代，德国、日本、美国等国家相继开展了磁悬浮运输系统的研发，中国在20世纪80年代初开始研发磁悬浮列车这一新型交通工具。中国第一辆磁悬浮列车于2003年1月在上海磁浮线运行。2016年5月，中国首条具有完全自主知识产权的中低速磁悬浮商业运营示范线——长沙磁浮快线开通试运营，该线路是世界上最长的中低速磁浮运营线。

磁悬浮列车作为新型交通工具，有巨大的发展潜力。中国在实现高铁轮轨技术快速发展的同时，也坚持推进磁浮技术研究。2017年中国《“十三五”现代综合交通运输体系发展规划》指出，提升高铁、中低速磁悬浮轨道交通等装备技术水平。同年，科技部、交通运输部印发的《“十三五”交通领域科技创新专项规划》提出，力争到2020年前实现磁浮交通系统技术完全自主化；实现200公里/小时和600公里/小时中高速磁浮交通系统和装备产业化。中国启动高速磁浮研发，既是储备技术能力，也是培育市场。磁浮技术是科技强国的实力体现，能带动很多基础工业的发展和创新。在中国稳居高铁第一大国的同时，“磁浮时代”也悄然而至，它将作为一种新的出行方式刷新世界交通面貌。

41. 高速公路总里程世界第一

1949年中华人民共和国成立时，全国能通车的公路仅有8.08万公里，分布也极不合理。1978年年底，全国公路总里程达到89万公里，但仍有三分之一以上的村镇不通公路。当时世界上已有约50个国家有高速公路，而中国的高速公路建设还未起步。改革开放后，公路客货运输量急剧增加，交通紧张问题日益凸显，交通运输系统结构不合理的问题也逐渐暴露。国家开始加强铁路、公路等基础设施建设，交通运输进入了快速发展阶段。

1984年，沈大高速公路和沪嘉高速公路均开工建设。1988年，沪嘉高速公路正式通车。1990年，被誉为“神州第一路”的沈大高速公路全线通车，标志着中国高速公路建设进入了一个新的时代。从20世纪90年代开始，中国高速公路建设一路突飞猛进。2001年高速公路总里程达到1.9万公里，居世界第二。2003年，沈大高速公路进行全线封闭改造，这是中国内地第一条八车道高速公路。2013年全中国高速公路通车总里程达到10.4万公里，超过美国居世界第一。2018年12月28日，随着龙怀和仁博两条高速公路建成通车，中国高速公路总里程突破14万公里，继续稳居世界第一。

美国、德国等国家在20世纪30年代就开始修建高速公路并通车。中国的高速公路建设从20世纪80年代末开始起步，比西方发达国家晚了近半个世纪。但是，从1988年第一条高速公路建成算起，中国仅用了不到30年的时间就赶超了欧美公路网建设的步伐。中国高速公路实现了从无到有、再到覆盖成网的跨越式发展，形成了四通八达的快速公路运输通道。

在高速公路建设取得喜人进展的同时，位于高速公路上的大型桥梁和长大隧道建设也取得突破性进展，中国桥梁和隧道建设技术水平已经跻身世界先进行列。沪渝高速主干线湖北宜昌至恩施段的龙潭河特大桥主桥墩最高178米，居世界同类桥梁墩高之最；杭瑞高速上的北盘江第一桥是世界最高的大桥；珠江三角洲地区环线高速公路的港珠澳大桥是世界上里程最长、设计寿命最长、沉管隧道最长的跨海大桥；秦岭终南山公路隧道是中国自行设计施工的世界最长的双洞单向公路隧道；京新高速临白段是世界上穿越沙漠、戈壁最长的高速公路。2017年8月，世界首条高海拔高寒多年冻土区高速公路——青海省共和至玉树高速公路正式通车运营。作为在青藏高原多年冻土区建设的首条高速公路，共玉高速公路被称为高海拔、高寒、高速“三高”公路。

发达的交通在经济社会发展中具有主动脉和生命线的作用。高速公路在运输能力、速度和安全性方面具有突出优势，作为现代综合交通运

广佛肇高速公路

输体系的骨干，在提高经济活力、降低物流成本、改善运输质量、降低车辆损坏等方面具有重要作用。高速公路建成后还为沿线旅游业带来了更多商机，促进了当地经济的发展。高速公路不仅是交通运输现代化的重要标志，也是一个国家现代化的重要标志。美国国家工程院评选出的20世纪20项重大科技成就和突破中，汽车名列第二，高速公路系统名列第十一。高速公路作为现代交通的骄子，是速度和效率的代表，也成为衡量一个国家国民经济现代化的重要标志之一。

改革开放40年来，中国高速公路从无到有，成为服务经济社会发展、助力脱贫攻坚的加速器。2013年，国家出台了《国家公路网规划（2013年—2030年）》。根据这一规划，到2030年国家公路网总规模将达到40.1万公里，是现有规模的3倍，届时普通国道将覆盖全国所有县级及以上行政区，国家高速公路将连接所有地级行政中心及城镇人口超过20万的中等及以上城市。

42. 地铁通车总里程世界第一

地铁被誉为现代城市的大动脉，展示了国家的科技实力和运输水平，解决了城市交通拥堵的关键问题。中国大型城市的轨道交通已经承载了过半的公共交通出行量。对于北上广等这类特大城市来说，地铁是人们主要的出行选择。中国首条地铁系统——北京地铁开工于1965年，在1969年庆祝中华人民共和国成立二十周年的日子建成通车，结束了中国没有地铁的历史。2018年年底，北京轨道交通运营里程达到636.8公

北京地铁北土城站是北京地铁系统中的一座换乘地铁站，规划建设阶段曾被称为熊猫环岛站。北京地铁8号线与10号线交会于此。

里，年客运量达到38.5亿人次。近年来，各级地方政府加大基础设施建设力度，许多城市纷纷开始筹建轨道交通，中国地铁建设发展驶入快车道，地铁运营总里程已达到世界首位。其中，上海已经建成了世界上规模最大、线路最长的地铁系统。截至2018年12月，上海地铁全网运营线路总长672公里，在世界城市地铁运营里程排名中高居榜首。

城市轨道交通具有载客量大、运送效率高、能源消耗低、相对污染小、运输成本低和占用道路面积小等优点，是解决大城市交通拥挤问题的极佳方式。首先，地铁运营效率高。目前，大型的轨道交通线路在高峰时间段，每小时单个方向运送旅客量可以达到6万至7万人次，这个运输能力是其他交通工具难以做到的。其次，地铁安全性高。地铁使用整轨和自动控制体系，能够快速安全运行，国内地铁最高设计时速达到了160公里。再次，地铁被称为“绿色交通”，是将电能转换为动能的一种交通工具，在运行过程中不会产生废气污染。最后，地铁占地面积小。城市轨道交通的线路一般都采用地下或高架方式，其运行不受地面交通状况的影响，同时地下线路几乎不占用地面空间，高架线路除了车站外只需要占用地面车道隔离带。

截至2017年年末，中国内地共计34个城市开通城市轨道交通并投入运营，开通城轨交通线路165条，运营线路长度达到5033公里。其中，地铁3884公里，占比77.2%；轻轨、现代有轨电车、磁浮交通等其他制式城轨交通运营线路长度约1149公里，占比22.8%。2017年，中国内地城市轨道交通完成建设投资4762亿元，在建线路长度6246公里，在建项目可研批复投资额累计38756亿元。全年城市轨道交通累计完成客运量185亿人次，同比增长14.9%。我国地铁动力不断改进，轨道交通核心技术日益发展。同时，不断精进的管理和运营服务进一步助力中国铁路的发展。地铁不仅提供了一种出行选择，更为市民的生活带来更多不一样的精彩，并且已成为促进城市经济社会发展的重要手段：上海50多个营业额10亿级的商场中，过半数连通地铁站；武汉4条地铁串起老商圈和新商圈，聚集主城80%以上的商业。2018年，中国城市轨道交通迎来移动支付爆发年，乘客通过扫二维码便可享受移动购票、充值、进站等服务。

中国地铁车辆也赢得了世界的认可。2014年10月，原中国北车以5.67亿美元中标美国波士顿红线和橙线地铁，全部订单包含284辆地铁车辆。2017年的4月，这笔订单的合作方美国马萨诸塞州捷运署（MBTA）向中国中车股份有限公司（中国中车）又增购了134辆新地铁列车。在拉丁美洲，2015年4月8日，阿根廷布宜诺斯艾利斯市长参观了该市A线地铁路段的“中国地铁”，并在社交媒体上说：“A线全线车辆现已更新完毕，每天可容纳23万乘客乘坐带有空调的车辆出行。”列车运行后也收获了该市市民的一致好评。

如今，中国地铁将朝着科技化、国产化、标准化和智能化的目标继续不断进步和发展。国务院新闻办发表的《中国交通运输发展》白皮书指出，“十三五”期间，中国要加快300万以上人口城市轨道交通成网，新增城市轨道交通运营里程约3000公里。未来五年，中国城市轨道交通的建设必将掀起新一轮高潮。地铁建设是前途无量的朝阳事业，给现代城市注入了强大的生机。

43. 世界上海拔最高的铁路——青藏铁路

青藏高原被称为“世界屋脊”，由于冰峰雪山和荒原大漠的阻隔，加上高寒缺氧的生态环境，成为地球上人类足迹最难到达的地区之一。历史上，牦牛是青藏高原上最重要的交通运输工具。直至1951年西藏和平解放前，这里甚至连一条公路都没有。西藏具有得天独厚的自然条件，但是由于交通条件的限制，资源开发利用的程度很低。没有铁路的情况，极大地限制了西藏与内地的联系。20世纪50年代，中国政府把修筑进藏铁路提上日程，把铁路修到喜马拉雅山成为广大铁路建设者的奋斗目标。青藏铁路始于青海省西宁市，终于西藏自治区拉萨市，全长1956公里，其中960公里的路段海拔高度在4000米以上，翻越唐古拉山的铁路最高点海拔5072米。此外，青藏铁路有550公里的路段穿越高原常年冻土地带，是世界上海拔最高、穿越冻土里程最长的高原铁路。

青藏铁路分两期建成，一期工程东起西宁市，西至格尔木市。1958年9月，青藏铁路西宁至格尔木段分别在西宁和关角隧道悄然开工，于1961年和1978年两次被迫暂停修建，1984年5月建成通车；二期工程东起格尔木市，西至拉萨市。2001年6月29日，中央政府决定投资262.1亿元修建青海格尔木至西藏拉萨的铁路。经过13万名建设者5年艰苦卓绝的奋战，2006年7月1日，青藏铁路全线开通试运营。2016年9月12日，青藏铁路无缝钢轨换铺工程完成，全线1956公里的青藏铁路实现了“千里青藏一根轨”。

青藏铁路的建设面临多年冻土、高寒缺氧、生态脆弱三大世界性工程难题。高寒缺氧、环境恶劣、资源短缺给铁路施工带来巨大困难；在冻土地区修铁路存在冻胀、融塌、沉降等技术难点，这些难点解决不好会导致路基坍塌；青藏高原生态环境十分脆弱，又地处三江源头，生态建设与环境保护十分重要。可可西里国家级自然保护区的清水河特大桥是青藏铁路线上最长的“以桥代路”特大桥，是青藏铁路专门为方便藏羚羊等野生动物的迁徙而建设的，同时是世界上最长的高原冻土铁路桥。此外，青藏铁路建设创造了多个世界之最：格尔木至拉萨段全线总里程达1142公里，是世界上线路最长的高原铁路；唐古拉站海拔5068.63米，是世界上海拔最高的铁路车站；新关角隧道全长32.6公里，是世界最长的高原铁路隧道；安多铺架基地海拔4704米，是世界上海拔最高的铁路铺架基地……自开通运营以来，青藏铁路工程设施保持稳定，青藏铁路西宁至格尔木段的运营速度为每小时140公里，格尔木至

青藏铁路

拉萨段运营速度为每小时100公里，创造了高原冻土铁路运行时速的世界纪录。

青藏铁路的建成结束了西藏自治区没有铁路的历史，完善了中国铁路网的布局，打破了西藏长期封闭的状态，为青海和西藏经济社会的发展带来机遇。青藏铁路让雪域高原不再遥远，在它通车运营后，大批游客实现了向往已久的西藏游，高速发展的西藏旅游业成为西藏的支柱产业之一。青藏铁路是“西部大开发”过程中的一个重要增长极，它的开通吸引了大量的人流、资金流、物流、信息流涌入西藏，为西藏的经济社会发展增添了新活力。2016年，在青藏铁路运营10周年之际，“青藏铁路对经济社会发展重大作用研究”项目组认为，青藏铁路是进出西藏的主要通道，具有全天候、大能力、快速度的特点，承担了全社会进出藏区近80%的货运量和近35%的客运量，对当地经济发展起到关键作用。青藏铁路也强化了西部大开发的基础设施，对国家西部大开发战略具有支撑作用。截至2018年10月31日，中国铁路青藏集团有限公司累计运送货物5.61亿吨，货物运送量由2006年的2491万吨增长到2017年的4572.7万吨。青藏铁路通车运营12年来，西藏共接待海内外游客1.23亿人次，进藏旅游人数由2005年的180万人次，增加到2017年的2561.4万人次，旅游总收入由2005年的19.4亿元，增加到2017年的379.4亿元。

2013年9月，青藏铁路工程入选“全球百年工程”。青藏铁路曾经一度被外国专家称为不可能完成的工程：在海拔5000米的缺氧高地修铁路，在数百公里的荒凉崎岖的永久冻土地带通火车，实在是“难于上青天”。青藏铁路的建成打破了“有昆仑山脉在，铁路就永远到不了拉萨”的断言。这条“天路”让高原冻土之上的居民对接现代社会，也让人类发展的脚步能够踏上世界“第三极”。

44. 世界上海拔最高的公路——新藏公路

旧时的西藏是一片孤悬高原的封闭世界，交通很不方便。西藏人民通常在夏季走出青藏高原，靠骡马驮来外界的物资，同时，由于冬春两季的大雪封山，每年仅能驮运一次。藏北地区因山脉阻隔，没有通往新疆的公路。1951年西藏和平解放，人民解放军开始修筑雪域第一条公路——川藏公路。1954年12月，川藏、青藏公路同时通车拉萨，结束了西藏没有公路的历史，开辟了西藏交通及社会发展新纪元。另外一条连通西藏的交通干线，则是北起新疆叶城，南至西藏拉孜的新藏公路。新藏公路全长约为2140公里，是继川藏公路、青藏公路之后，进入西藏的第三条公路，是世界上海拔最高的公路，也是路途最艰险的公路之一。新藏公路穿越举世闻名的昆仑山、喀喇昆仑山、冈底斯山、喜马拉雅山脉，平均海拔4500米以上；全线海拔在4000米以上的路段有915公里，海拔5000米以上的路段有130公里；几乎所有路段均为高寒缺氧的无人区，沿途横卧着上千公里的荒漠戈壁、永久冻土层和常年积雪的崇山峻岭。

早在1950年，一支队伍进入新疆和田地区，沿着河道，顺着山坡修了一条极度简易的骡马便道以运输急需物资到阿里地区驻军处，这就是新藏公路的雏形。1951年8月3日，阿里地区宣告和平解放，但大批入藏部队和阿里藏族群众的生活给养还是靠牦牛、骆驼和羊群运送。1953年10月，中共中央新疆分局决定重修新藏公路。该路1956年开工，1957年修到了原定的终点噶达克（现在的噶尔县境内）。新藏公路沿线空气稀薄，气候严寒，很长地段寸草不生，人们的生活物资全部要从新疆运送。冬季大雪封山，筑路者仍在摸索着施工，使原计划三年的任务只用了一年半的时间就胜利结束，是高原筑路的一次创举。从此，巍峨险峻的昆仑高原上有了新藏公路，西藏阿里地区各族军民也有了与外界交流的交通要道。从此，阿里高原到内地的运输摆脱了损耗极大的牲畜驮载。1958年9月新藏公路又延伸至西藏普兰县。新藏公路二线工程即216国道中心段，规划工期是2018年至2022年。

自建成以来，新藏公路一直是公路沿线军民赖以生存的生命线，是西藏阿里地区乃至藏北地区几十万军民赖以生存的运输大动脉。随着交通量迅速增长，新藏公路很快成为整个阿里地区政治、经济和国防的重要通道。但当时的新藏公路仍是一条令人却步的砂石路。公路技术含量低，抗灾能力差，行车条件恶劣，安全指数低。夏季洪水、泥石流泛滥，冬季积冰成灾、大雪封路，交通经常中断。从2002年起，经过多次整治改建，新藏公路发生了翻天覆地的变化。2003年，新藏公路首次实现全年通车，这为阿里地区的物资供应提供了可靠保障。2005年，新藏

新藏公路

公路全线路基拉通，道路通行能力得到进一步提高，从新疆叶城至西藏阿里的时间缩短一半多；2006年，在养护路段内初步形成应急救援体系，使事故率、伤亡率和危险系数大幅度下降，沿线军民生命财产得到了保障；2010年，全线按照二级、三级公路的标准改建为沥青路面，于2012年通车。现西藏阿里地区大部分货物及旅客运输主要依靠新藏公路，经南疆至乌鲁木齐接兰新铁路。

由于喀喇昆仑山地形复杂，空气稀薄，气候变化多端，承担筑路任务的工人和解放军战士，曾经同高山病和零下三四十度的严寒进行了艰苦的斗争。修建新藏公路不仅是中国公路建设史上的壮举，也是世界公路建设史上的一大奇迹。新藏公路是国道网的组成部分，也是连接新疆与西藏两地的唯一干线公路，既是重要的人员、物资通道，也是中国西部边境重要的战略国防干线。新藏线沿途经过大红柳滩、日土宗和噶尔昆沙等地，跨过叶尔羌河、喀拉喀什河、狮泉河等河流，也是很多旅游爱好者以及探险者所喜爱的线路之一。

45. 当时世界上最长的公铁两用桥——南京长江大桥

20世纪初期，中国先后开通了沪宁铁路和津浦铁路，这两段铁路若能贯通，将大大提高运输效率。可一条中国最大的河挡住了它们的连接，那就是长江南京段。以往想过长江都是乘船摆渡，通行效率极低。1949年后，在中国共产党的领导下，国民经济迅速恢复，各项工程开始大规模建设。1958年初，南京长江大桥由大桥工程局负责建设。

由于中苏关系恶化，大桥初建，苏联专家即全部撤走，设计施工只能由中国自主完成。南京长江大桥周围的自然地理条件十分复杂，给施工带来很大难度。负责建桥的科学技术人员、工人和干部克服各种困难，知难而进，不断进行技术革命和技术创新，创造了中国桥梁建设史上的许多新纪录。在大桥建设期间，经常有成百上千的人民群众主动参加义务劳动，给施工现场的科学技术人员、工人和干部以极大鼓舞。

南京长江大桥建设委员会提出大桥按铁路、公路两用桥设计，考虑桥下可通航万吨级海轮，兼顾城市需要和对美观的要求。1960年1月，大桥建设全面启动。南京地处长江下游，江宽水急，工程地质条件复杂，大桥在建设过程中克服了技术、自然灾害等多方面的困难。1968年9月，铁路桥先行通车，南京市五万多军民举行了隆重的通车典礼。同年12月29日，公路桥竣工通车，南京长江大桥全线贯通。南京长江大桥位于南京市鼓楼区下关和浦口区桥北之间，这是当时中国自行设计建造的最大的铁路、公路两用桥。上层为公路桥，长4589米，连通104

国道、312国道等跨江公路，是沟通南京江北新区与江南主城的要道之一；下层为双轨复线铁路桥，全长6772米，结束了70多年来津浦线与沪宁线客货运过江靠轮渡的历史，京沪铁路的贯通无长江阻拦，桥下可通行万吨轮船。大桥的竣工使火车过江时间由过去靠轮渡的1.5小时缩短为2分钟，京沪铁路从此迅速成为中国南北交通的大动脉。1960年，南京长江大桥以“世界最长的公铁两用桥”被载入《吉尼斯世界纪录大全》。据统计，在南京长江大桥建成后的30多年时间里，共创造直接经济效益超过60亿元人民币。

20世纪90年代以后，南京先后建成了南京长江二桥、三桥、四桥，并开通了数条长江隧道。但是，随着南京长江大桥的通行量逐日增加，车流量常年处于超负荷状态，加上风雨侵蚀和材料老化，大桥不堪重负，需要进行大修。2018年12月29日，以“维持原设计荷载等级、保持原桥历史风貌、提高结构安全耐久性”为建设原则，南京长江大桥经过了为期27个月的全封闭维修改造，保持了桥身原有设计风貌，重点消除

南京长江大桥

了桥梁结构的安全隐患，有效改善了大桥的耐久性能。

南京长江大桥曾在很长时间内保持着中国公铁两用大桥的纪录。在南京长江大桥建成通车40余年后，2013年11月动工建设的平潭海峡公铁两用大桥将刷新公铁两用大桥的纪录。这座大桥始于福建省长乐市松下镇，经过四座岛屿后到达平潭岛，上层为时速100公里的六车道高速公路，下层为时速200公里的双线Ⅰ级铁路，全长16.34公里，预计2020年建成通车。这将是中国首座，也是世界上最长的跨海峡公铁两用大桥。

南京长江大桥是新中国第一座完全由中国设计、建造并采用国产材料的双层式铁路、公路两用桥，推翻了外国专家对长江“水深流急，不宜建桥”的结论。它的建成通车，标志着中国的桥梁建设在勘测设计、科研试验、施工技术、建筑材料、设备制造等方面都达到新的水平，是中国桥梁建设历史上的重要里程碑。在它的建设过程中，还涌现出如“28天建成桥头堡”等动人故事。它的建成开创了中国自力更生建设大型桥梁的新纪元，是社会主义建设的伟大成就。南京长江大桥不仅是新中国技术成就与现代化的象征，更承载了几代中国人的特殊情感与记忆。2014年，在第三次全国文物普查中它被登记为不可移动文物；2016年，南京长江大桥桥头堡入选首批中国20世纪建筑遗产名录。南京长江大桥也是南京的标志性建筑之一和著名景点，被列为“新金陵四十八景”之一，来此观览的国内外游客不计其数。

46. 世界上规模最大的调水工程——南水北调

南水北调工程分东、中、西三条线路，是中国的一项战略性调水工程。东线工程起点位于江苏扬州江都水利枢纽；中线工程起点位于汉江中上游丹江口水库，供水区域为河南、河北、北京、天津四地；西线则从四川长江上游支流雅砻江、大渡河等长江水系调水，至黄河上游青、甘、宁、内蒙古、陕、晋等地。三条调水线路建成后将与长江、黄河、淮河和海河四大江河相连，构成以“四横三纵”为主体的总体布局，以利于实现中国水资源南北调配、东西互济的合理配置格局。南水北调工程规划最终调水规模448亿立方米，其中东线148亿立方米，中线130亿

南水北调中线——陶岔渠首枢纽工程　牛原 摄

立方米，西线170亿立方米，建设时间约需40年到50年，建成后将解决700多万人长期饮用高氟水和苦咸水的问题。

2014年12月12日14时32分，南水北调中线工程正式通水，也宣告南水北调东中线全面通水。四年来，南水北调中线一期工程不间断供水1461天，累计调水191亿立方米。东线一期工程累计向山东供水31亿立方米。随着供水量的持续快速增加，南水滋润着北方大地，优化了中国水资源配置格局，修复了区域生态环境，有力支撑了受水区和水源区经济社会发展。英国路透社曾报道称，中国为实现南水北调兴建了一连串运河和输水管线，是世界最大的水资源调配工程。

长期以来，南北水资源分布不均衡是国家发展过程中的重要问题。中国南方地区与北方地区的分界线大体是秦岭—淮河一线，北方地区的降水量要远少于南方地区。华北平原作为中国小麦、玉米等粮食作物的主产区，同时也是缺水最为严重的地区之一。特别是自20世纪80年代以来，水资源衰减也加剧了水的供求矛盾。年均地表水资源量由1956年至1979年的176.5亿立方米，减少到1980年至2000年的116.9亿立方米，减少了33.8%；2001年至2016年地表水资源量比1980年至2000年的又减少了45.7%。尤其在京津冀地区，水资源与经济社会结构严重不匹配。京津冀地区区域总面积21.6万平方公里，占全国的2.2%；总人口1.1亿，占全国的8%；地区生产总值5.7万亿元，占全国的11%。但是该地区水资源量只有241亿立方米，仅占全国的0.9%；人均水资源仅有218立方米，不足全国平均拥有量的1/9。其中天津人均160立方米，北京人均102立方米，而以色列人均达290立方米。由于用水量远超水资源承载能力，只能进行大幅度的地下水采集，华北平原是中国地下水超采最严重的地区。据测算，华北地区每年超采地下水55亿立方米左右，目前华北地区地下水超采累计1800亿立方米左右，是世界上最大的地下水降落漏斗区。南水北调对河北乃至整个华北地区的生存与发展都有着重要意义。

1952年，毛泽东同志在视察黄河时提出："南方水多，北方水少，如有可能，借点水来也是可以的。"这是南水北调宏伟构想的首次提出。1958年8月，《中共中央关于水利工作的指示》颁布，第一次正式提出南水北调。1959年，中科院、水电部在北京召开了西部地区南水北调考察研究工作会议，确定南水北调工程的指导方针是："蓄调兼施，综合利用，统筹兼顾，南北两利，以有济无，以多补少，使水尽其用，地尽其利。"1978年，五届全国人大一次会议通过的《政府工作报告》正式提出"兴建把长江水引到黄河以北的南水北调工程"。1979年12月，水利部正式成立南水北调规划办公室，统筹领导、协调全国的南水北调工作。从此，人们展开了对于南水北调工程具体内容的大讨论。

经过数十年的不懈努力和深入研究，2000年6月5日，南水北调工程规划完成。南水北调工程总体格局定为西、中、东三条线路，分别从长江流域上、中、下游调水。2002年12月27日，南水北调工程正式开工，而江苏段三潼宝工程和山东段济平干渠工程也成为南水北调东线的首批开工工程。2003年12月30日，南水北调中线京石段应急供水工程动工，标志着南水北调中线一期工程正式启动。2013年8月15日，南水北调东线一期工程通过全线通水验收；同年11月15日，东线一期工程正式通水运行。2014年9月29日，中线一期工程通过全线通水验收，具备通水条件；同年12月12日，中线一期工程正式通水运行。南水北调的西线调水工程主要作用是解决青海、甘肃、宁夏、内蒙古、陕西、山西六省区的缺水问题，必要时也可向黄河下游补水；项目规划分三期实施，西线工程规划于2001年通过审查。但出于万全准备的考虑，目前西线工程仍在进行准备和研究工作，并未开始建设。

南水北调工程是优化水资源配置、促进区域协调发展的基础性工程，是1949年以来中国投资额最大、涉及面最广的战略性工程，事关中华民族的长远发展。整个工程无论以调水量还是以距离来计算都堪称世界上最大的水利工程。水利部南水北调工程管理司有关负责人认为，南水北调东中线工程通水以来，通过采取限制地下水开采、直接补水、置换挤占的环境用水等措施，使不少干涸的河流重现生机。2018年，国务院南水北调工程建设委员会办公室负责人提出，今后一个时期南水北调工作将坚持“稳中求进”总基调，按照“提质增效”总要求，着力增加供水量，提升供水水质，扩大供水范围，提高用水效率，实现资产保值增值增效，统筹抓好工程安全运行、生态环境保护、移民稳定致富、节约高效用水、后续工程推进、企业创新发展等工作。

47. 世界上最大的互联互通电网——西电东送

西电东送工程是西部大开发的标志性工程，也是西部大开发的骨干工程。“西电东送”指开发贵州、云南、广西、四川、内蒙古、山西、陕西等西部省区的电力资源，包括煤电和水电，将其输送到电力紧缺的广东、上海、江苏、浙江和京、津、唐地区。

西电东送在西部大开发的重点工程中工程量最大、投资额最多，从2001年到2010年的十年间，总投资超过5200亿元，是世界上规模最大的全国互联互通的电网。这一工程的实施，将有利于西部能源资源优势转化为经济优势，减轻环境和运输压力，对于合理配置资源、优化能源结构、促进中国经济社会可持续发展具有重要意义。1949年，全国的装机容量只有185万千瓦，相当于现在的两台机组。2017年全国装机容量达到17.8亿千瓦，是1949年的960倍。1949年全国发电量49亿千瓦时，2017年发电量达到6.5万亿千瓦时，约是1949年的1327倍。

西电东送工程最早是在20世纪60年代提出的，但由于当时国家财力不足和技术水平不够而无法实施，直到1978年改革开放前，中国的最高电压网仍是1972年6月6日建成投产的西北电网龙羊峡—天水—关中的330千伏交流输电线路，其余都是220（110）千伏以下的电网。1999年前，中国电网仍是各区域电网互不相连的状态。西电东送工程的论证设计等准备工作开始于三十多年前。随着国家西部大开发战略的实施，这一工程进入了实质阶段，2000年，在国务院同意后，贵州、云南第一批工程开工，标志着西电东送工程全面启动。

从工程开启至今的几十年间，中国已拥有世界上最高电压等级的±800千伏直流输电和1000千伏特高压交流输电线路，并且迄今没有发生过像欧洲电网曾发生过的大面积停电事故。从2001年到2010年，西电东送工程从南到北、从西到东，形成了北、中、南三路送电格局，北线由内蒙古、陕西等省（区）向华北电网输电，中线由四川等省向华中、华东电网输电，南线由云南、贵州、广西等省（区）向华南电网输电。此后陆续完成了东北电网与华北电网、华中电网与西北电网的互联互通，乃至完成了海南岛与大陆的联网、大陆向港澳的供电。西电东送工程体现了中国科技的不断进步。在西电东送发展初期，超高压直流输电工程的建设要依赖外国技术专家。到了2010年，±800千伏直流输电工程——云广特高压直流工程建成投产，工程成套设备

准东—皖南±1100千伏特高压直流输电工程河南段

综合国产化率超过62%。2016年，南方电网再次挑战直流输电最新技术，采用柔性直流与常规直流组合模式的背靠背工程建成投产，工程综合自主化率达到100%。

西电东送实现了全国范围内的资源优化配置，为中东部地区经济社会快速发展和环境保护提供了重要电力支撑；同时，西电东送推动了西部地区能源资源的开发，拉动了当地经济社会的大发展，真正使西部潜在的资源优势转化成现实的经济优势，使东西部地区实现了共赢。

48. 世界上最大的水利枢纽工程——三峡工程

三峡工程，即长江三峡水利枢纽工程，是由中国湖北省宜昌市境内的长江西陵峡段与下游的葛洲坝水电站构成的梯级电站。三峡工程是世界上规模最大的水利枢纽，也是中国有史以来建设的最大型的工程项目。三峡水电站大坝高程185米，蓄水高程175米，大坝长2335米，静态投资1352.66亿元人民币，安装了32台单机容量为70万千瓦的水电机组。

三峡工程夜景

三峡工程是世界建筑规模最大的水利工程，大坝坝轴线全长2309.47米。三峡工程也是世界工程量最大的水利工程，三峡工程主体建筑土石方挖填量约1.34亿立方米，混凝土浇筑量2794万立方米，钢筋制安46.3万吨。2000年三峡工程混凝土浇筑量为548.17万立方米，月浇筑量高达55万立方米，创造了混凝土浇筑的世界纪录。三峡工程有世界泄洪能力最大的泄洪闸，其泄洪闸最大泄洪能力为每秒10.25万立方米。三峡工程拥有世界上级数最多、总水头最高的内河船闸，三峡工程的双线五级船闸，总水头113米。三峡工程拥有世界规模最大、难度最高的升船机，其升船机最大升程113米，过船吨位3000吨。

1949年，长江流域遭遇大洪水，长江中下游特别是荆江河段的防洪问题引起了中央人民政府的重视。1953年，毛泽东同志在听取长江干流及主要支流修建水库规划的介绍时，希望在三峡修建水库，以彻底解决长江的水灾问题。1958年3月，周恩来同志在中共中央成都会议上作了关于长江流域和三峡工程的报告，会议通过了《中共中央关于三峡水利枢纽和长江流域规划的意见》，明确提出从国家长远的经济发展和技术条件两个方面考虑，三峡水利枢纽是需要修建而且可能修建的，应当采取积极准备、充分可靠的方针进行工作。经过十多年的勘察与讨论，1970年12月30日，葛洲坝工程开工。1984年4月，国务院原则批准由长江流域规划办公室组织编制的《三峡水利枢纽可行性研究报告》。1986年6月，中共中央和国务院决定，成立以钱正英为组长的三峡工程论证领导小组并组织14个专家组对工程的可行性进行研究论证。1989年，长江流域规划办公室重新编制了《长江三峡水利枢纽可行性研究报告》，报告认为需要尽早建设三峡大坝。1989年年底，葛洲坝工程全面竣工，通过国家验收。1992年4月3日，七届全国人大第五次会议通过关于兴建长江三峡工程的决议，决定将兴建三峡工程列入国民经济和社会发展十年规划，由国务院选择适当时机组织实施建设。1997年11月8日，三峡工程实现大江截流，标志着为期5年的一期工程胜利完成，三峡工程转入二期工程建设阶段。2003年5月21日，国务院长江三峡二期工程验收委员会枢纽工程验收组正式宣布，三峡二期工程达到蓄水135米水位和船舶试通航要求，同意三峡工程6月1日下闸蓄水，并可以在2003年6月份实施永久船闸试通航。至此，中国建成世界上水位落差最大的船闸。三峡工程从2004年起进入三期工程。2005年9月16日，三峡工程左岸14台70万千瓦机组全部并网运行，提前一年实现了投产发电。2012年5月4日，三峡地下电站27号机组首次启动成功，此举标志着三峡工程最后一台70万千瓦机组投产发电进入倒计时阶段。

三峡工程不仅有效缓解了长江流域的洪水灾害问题，更成了世界上最大的水力发电系统，为中国的经济发展带来了巨大的效益。美国的报业集团报道，三峡水电站发的电相当于18个核电站，可以满足中国庞大用电需求量的二十分之一。法新社评论道，利用中国最大河流发电也是几代中国人的一个梦想，现在，这已经不再只是诗歌里的东西了。

美国《华盛顿邮报》曾在头版显著位置刊登题为《中国力量的源泉和象征》的文章来报道三峡工程。文章认为，经过13年的建设，三峡大坝这项“中国自长城以来最雄心勃勃的建设”，将取代巴西伊泰普水电站成为世界最大的发电和防洪综合工程。它的年均发电量为847亿千瓦时，而美国胡佛大坝（美国最著名的大坝，被评为美国现代土木工程七大奇迹之一）的年发电量仅为40亿千瓦时。

49. 互联网通信规模世界第一

当今全球都开始步入信息化的时代，自互联网进入中国，它就以惊人的速度发展。到2015年年底，中国网民数量达到6.88亿，互联网普及率达到50.3%。互联网、宽带用户接入规模均居全球第一位。根据中国互联网络信息中心（CNNIC）在北京发布的第43次《中国互联网络发展状况统计报告》显示，截至2018年12月，全年新增网民5653万，网民规模达8.29亿，是世界上最大的网民群体，互联网普及率达59.6%；中国手机网民规模达8.17亿，网民通过手机接入互联网比例高达98.6%，人均每周上网时长为27.6小时。截至2018年12月，中国IPv6地址数量为41079块/32，年增长率为75.3%；域名总数为3792.8万个，其中“.CN”域名总数为2124.3万个，占域名总数的56%。

互联网发端于美国，从1987年开始，中国有关科研机构开始探索互联网在中国的发展。1994年4月20日，在多方努力下，中国计算机与网络设施（NCFC）工程接入Internet的64K国际专线开通，中国实现了与国际互联网的全功能连接。随后中国陆续建成了科技网、金桥网、中国公用计算机互联网和中国教育和科研计算机网四大互联网主干网，并于1997年实现互联互通，随之中国公用互联网骨干网二期工程进一步对8个大区带进行升级。有了骨干互联网基础，中国互联网企业群雄并起。从1996年开始，新浪、搜狐、网易等重要门户网站纷纷成立。而在互联网的基础网络建设方面，随着全球宽带建设光纤化从2005年开始逐步发展，中国的电信企业没有再次错失先机，而是把握技术变革的机遇，依靠自身筹备资金建设光纤网络，与发达国家几乎同步启动光纤网络部署。从2005年到2010年，中国宽带网络的指标性数据成倍增长，宽带用户增长了5.3倍，年均增长1700万用户。中国电信在“十一五”期间就累计投资1500亿元用于宽带建设，退出铜缆6500万线对公里，宽带端口达到1.1亿个，Chinanet骨干互联网带宽达到20T，国际出口带宽达到440G，一跃成为世界上规模最大的宽带互联网运营商。

2008年国际金融危机爆发后，作为宽带建设主力的全球电信运营商面临传统业务下滑、资金紧缺、经营压力增大的局面，而在中国这样幅员辽阔、人口众多的国家，宽带建设成本更加高昂，争议也更大。在这样的背景下，中国运营商逆势而上，充分把握产业发展机会和市场需求，加大投资力度，并带动相关产业链的形成与发展。视频、云计算、智能网关、安全等技术和应用迅速普及，各行业、企业IT成本快速下降，运营效能提高，城市系统中个人、物和组织之间的物联化和互联化进程不断加快。工业和信息化部提供的数据显示，中国的宽带接入网络全面向光纤演进，到2018年9月底，全国光纤宽带用户的占比达到了88%，这一比例在全球来讲也是比较高的。

在有线网络稳步发展的同时，无线网络的普及更是有一种后来居上的态势。随着手机作为移动终端迅速普及，不仅仅是电话业务开始由固定转向移动，网络的发展也从有线网络向无线网络转移。在全球范围内，移动智能网技术开始成为最主要的电信业务发展动力。中国2008年开始建设3G网络，2014年全面推进4G网络覆盖，2017年建成了全球规模最大、覆盖最广的4G网络。工业和信息化部公布的数据显示，截至2018年4月底，中国4G网络覆盖全国95%的行政村和99%的人口。国家统计局公布的数据显示，2017年我国互联网普及率达到55.8%，其中农村地区互联网普及率达到35.4%；互联网上网人数达7.72亿人，比上年增加4074万人，其中手机上网人数为7.53亿人，比上年增加5734万人。

互联网的普及提升了信息传播的速度，拓宽了资讯获取的渠道，这就促进了新技术的不断诞生，并使各行各业都通过互联网连接了起来。2015年，“互联网+”被首次写入政府工作报告；2016年共享经济这一新生产业初具规模；2017年，人工智能领域异军突起，全球人工智能领域投融资规模达395亿美元，中国融资总额达277.1亿美元，占到了70%，中国人工智能市场的整体融资规模处于全球领先地位。2018年国家出台了《电子商务法》，促进了行业快速发展。数据显示，截至2018年12月，中国网络购物用户规模达6.1亿，年增长率为14.4%，网民使用率为73.6%。互联网的普及使得网络消费市场逐步提升质量，开始成为行业增长的新一轮驱动力。互联网娱乐正在不断繁荣，并且进入了规范发展的轨道。截至2018年12月，网络视频、网络音乐和网络游戏的用户规模分别为6.12亿、5.76亿和4.84亿，使用率分别为73.9%、69.5%和58.4%。值得关注的是，短视频用户规模达6.48亿，用户使用率为78.2%。

如今世界各国对互联网建设都非常重视，因为它不管是在数据传输方面，还是在视频的图像处理、广播和电影的后期制作、国防建设、科研、教育等诸多领域都占据重要位置。在互联网给人们带来高速的数据处理能力的同时，网络安全也被人们重视。中国政府提出，中国是网络安全的坚定维护者，也是遭受黑客攻击的受害国。中国政府不会以任何形式参与、鼓励或支持任何人从事窃取商业秘密的行为。不论是网络商业窃密，还是对政府网络发起黑客攻击，都是违法犯罪行为，都应该根据法律和相关国际公约予以打击。国际社会应该本着相互尊重和相互信任的原则，共同构建和平、安全、开放、合作的网络空间。中国将继续建设全世界规模最大的互联网，维护网络空间安全，推动全球网络产业的升级发展。

50. 世界上最长的跨海大桥——港珠澳大桥

港珠澳大桥是中国境内一座连接香港、广东珠海和澳门的桥隧岛工程。它跨越伶仃洋，东接香港，西接珠海和澳门，因其超大的建筑规模、空前的施工难度以及顶尖的建造技术而闻名，是世界上最长的跨海大桥。

港珠澳大桥于2009年12月15日动工建设，2017年7月7日实现主体工程全线贯通，2018年2月6日完成主体工程验收，2018年10月24日上午9时开通运营。东起香港国际机场附近的香港口岸人工岛，向西横跨南海伶仃洋后连接珠海和澳门人工岛，止于珠海洪湾立交；桥隧全长55千

港珠澳大桥——珠海和澳门段　晓正 摄

米，其中主桥29.6千米、香港口岸至珠澳口岸41.6千米；桥面为双向六车道高速公路，设计速度100千米/小时，工程项目总投资额1269亿元，设计使用寿命长达120年。

港珠澳大桥是粤、港、澳三地首次合作共建的超大型跨海通道，不仅体现了中国现代化工程建设的水平，还是中国“一国两制”框架下三地紧密联系的象征。通过三地紧密合作，粤、港两地海关对货车查验结果互认已实施，减少了重复查验；粤、港两地海关快速通关模式在港珠澳大桥对接，首票货物的成功验放进一步提升通关效率。目前正常情况下，车辆从入场到离场时间一般不超过3分钟，对无须查验的车辆卡口验放时间平均在10秒以内，有效降低了进出口企业的跨境贸易成本。

对于中国的科技、文化以及经济，港珠澳大桥都具有非同寻常的意义。首先是技术创新。“超级工程”背后有“超级创新”，大桥工程的技术突破在于桥梁、人工岛和隧道等的建设，大桥包括22.9千米的桥

港珠澳大桥　晓正 摄

梁、四个人工岛和6.7千米的世界最长、最深海底沉管隧道。由于珠江口阻水比的要求，桥梁跨径要尽量大，而出于抗震要求，上部结构重量要尽量轻，常见的混凝土结构很难解决这个难题。此外，大桥的桥墩常年在腐蚀性极强的海洋环境中，要保证达到120年的设计使用年限，必须使用耐腐蚀性能更好的钢材。双相不锈钢钢筋可以满足以上条件，但这种钢材此前一直依赖进口，工程师为了降低成本，自主研发了双相不锈钢钢筋并投入生产使用，这是中国建桥史上双相不锈钢首次大批量应用。为了不影响航运，港珠澳大桥还有世界最长的海底沉管隧道，它由33节钢筋混凝土结构的沉管对接而成。安装过程中，潮汐和洋流给工程带来了巨大困难。最终，工程师们对传统对接方式进行创新：在海平面以下13—48米深的海中实施无人对接，且误差必须控制在2厘米以内。港珠澳大桥建设难度极大，新材料、新工艺、新设备、新技术层出不穷，仅专利就达到了400项以上，在多个领域填补了空白；世界最大规模钢桥段建造、世界最长海底隧道的生产浮运安装、两大人工岛的快速成岛等技术创下多项世界纪录。

其次是文化意义非同寻常，它建立在中国桥梁文化丰厚的底蕴上。古老的中华大地上，河流纵横交错，奔腾不息，中国人会在每一座桥上寄托很多文化内涵。港珠澳大桥也体现了中国传统文化的美好寓意，象征着香港和澳门与中国内地，跨越伶仃洋，紧紧联系在一起。此外，港珠澳大桥会助力中国的现代化进程。通车后，驾车从香港到珠海、澳门从原来的3小时缩短至45分钟，大大缩短了三地间的通行时间。大桥跨越伶仃洋，把珠三角地区的各大城市，整合为一个超级都市圈——粤港澳大湾区。经济学家对港珠澳大桥寄予厚望，认为它不仅把港、珠、澳连接起来，而且将为粤港澳大湾区的发展助力。

这项凝聚着中国实力和中国智慧的超级工程，成了全球舆论的焦点。许多外媒以醒目的标题，通过文字通讯、短视频、示意图、航拍图等多种方式，全方位介绍这座意义非凡的大桥。英国《每日邮报》刊文称，港珠澳大桥的总长比从英国多佛到法国加来的英吉利海峡还要长20多公里，中国工人建造这座桥用了42万吨钢铁，这么多钢铁足以建造60座埃菲尔铁塔。英国《卫报》报道，这座大桥将中国的两个特别行政区（香港、澳门）与大陆城市对接，未来将增强大湾区与美国硅谷竞争的技术实力。路透社援引香港官员的观点，称港珠澳大桥的开通有利于巩固香港作为区域航空和物流枢纽的地位。报道还认为，在中国改革开放40周年之际，港珠澳大桥10月23日的开通仪式具有高度象征意义。迄今为止，港珠澳大桥的工程技术及规模创造了多项“世界之最”：世界上里程最长、钢结构最大、施工难度最大、沉管隧道最长、技术含量最高、科学专利和投资金额最多……

港珠澳大桥将进一步推进粤港澳大湾区的融合发展。英国《金融时报》分析认为，“港珠澳大桥是北京整体规划的重要内容，它将香港和澳门与9个临近城市——包括特大城市深圳和广州在内——连为一体。北京希望将之建成大湾区，引领创新和经济发展。结合‘一带一路’倡议，大湾区不仅仅是一条连接香港与澳门的通道，北京希望加快中国最具经济活力地区的经济增长，从而加速全国经济转型”。《华尔街日报》认为，港珠澳大桥将助力粤港澳大湾区的融合建设，并在其中起到支柱作用：这座大桥与广深港高铁将缩短中国内地制造业城市和金融枢纽香港及博彩业中心澳门之间的旅行时间，加强这些城市间的商业联系。港珠澳大桥建成通车，不仅提升了珠江三角洲地区的综合竞争力，还对保持港澳的长期稳定发展具有重要的意义。在“一国两制”的框架下，三地成功创立的完整的大桥工程决策体系，成为未来大湾区整体基础设施建设的样本。

51. 世界上最大的自动化集装箱码头——上海洋山港

上海港洋山港区是世界第一座海岛型深水集装箱港区，集装箱吞吐量占上海港的40%以上，是上海成为国际航运中心的重要支撑点。它的建成与开港，终结了上海没有深水港的历史。目前，上海港已经超越香港、新加坡，成为世界上最大的集装箱码头。2017年12月10日开港的洋山四期，是全球最大的单体全自动化码头，也是全球综合自动化程度最高的码头。

洋山四期位于东海大桥以南，地处整个洋山深水港的最西侧，依托颗珠山岛及大、小乌龟岛围海填筑形成，总用地面积223万平方米，码头前沿自然水深大部分在11米至15米之间。洋山四期共建设7个集装箱泊位、集装箱码头岸线总长2350米，设计年通过能力初期为400万标准箱，远期为630万标准箱。此外，其高度的自动化程度、超高的效率又使洋山四期被称作“魔鬼码头”。洋山四期作业效率将来会达到每小时40箱，远超人工码头的作业效率，减少70%的人工量。整个码头和堆场内将不再有人，不仅岸桥不需要人驾驶，连集装箱卡车也不再需要，直接由自动运行的无人驾驶AGV小车把集装箱运到堆场，堆场的桥吊也是无人操作。原先的码头操作员全部转移到监控室，对着电脑屏幕就能完成全部作业，实现了码头集装箱装卸、水平运输、堆场装卸环节的全过程智能化操作。

20世纪90年代初，上海港集装箱吞吐量还排在世界港口20名之外，与当时长三角地区的经济发展严重不符，且该港水深严重不足，已成为发展的障碍，因此建设一个世界级深水港势在必行。1992年10月党的十四大提出把上海建成“一个龙头、三个中心”的重大战略决策后，中央领导多次提出要加快上海国际航运中心建设。从2002年至2017年，上海洋山港共经历四期建设。2002年洋山深水港一期工程开工建设，2005年12月建成，岸线长度1600米，共5个7万至10万吨级集装箱泊位，年设计吞吐量为220万标准集装箱。二期工程2005年开工建设，2006年年底建成运营。三期工程是整个洋山深水港区天然水深条件最好、陆域纵深最大的港区。工程岸线长度2600米，建设有7个7万至15万吨级集装箱泊位，于2006年开工建设，2007年12月和2008年12月分期建成运营。2017年12月，洋山四期开港并投入运营。

洋山深水港的开港，结束了上海港没有深水泊位的历史，使上海港从“江河时代”迈向“海洋时代”，是中国开发利用外海深水岸线资源的重要里程碑。洋山深水港区的建成，洋山保税港区的封关启用，尤其是洋山四期这个全球最大自动化集装箱码头的建成，加快了上海港从国际大港迈向世界强港的步伐，标志着上海国际航运中心建设取得了重大

洋山港货柜码头　周琤 摄

突破。同时，洋山港也成为中国港口建设走向深海的标志，也预示着中国港口规划建设能力基本实现全球无禁区。另一方面，在国际上，伴随着经济全球化，世界航运市场正在迅速走向一体化、网络化，世界范围内的市场竞争日趋激烈，竞争的焦点也越来越明显，就是在全球市场上争夺航运中心地位，抢占航运制高点。在中国这样一个市场巨大、腹地辽阔的国家，特别是长江三角洲地区，洋山四期这样的高度自动、超大规模的码头的建成，为中国在国际航运市场的激烈竞争赢得了主动权。

52. 世界上200米以上高层建筑竣工面积最多的国家

据世界高层建筑与都市人居学会（CTBUH）的报告显示，2017年世界范围内建成的200米以上的高层建筑共144座，全球范围内200米以上的建筑总数达到了1319座。截至2017年年底，中国已建成的200米以上超高层建筑达697座，约占世界总数的53%，规划在建的200米以上建筑400余座，中国已经连续多年成为世界200米以上高层建筑竣工面积最多的国家。

追溯历史，缓解城区用地紧张、促进商业繁荣发展，是摩天大楼的建设初衷。随着城市化的快速发展，人口向城市聚集使得原有的城市建筑无法满足发展的需要，城市建筑向纵向发展成为必然选择。现代高层建筑首先从美国兴起，20世纪七八十年代，美国旧金山兴建了13座摩天大楼，支撑其发展的主要是硅谷高科技企业及相关投资公司。以帝国大厦、世贸中心为代表的纽约超高层建筑群，不仅汇集了全世界最有影响力的银行、保险、证券公司以及能源制造业巨头，创造了富可敌国的金融中心，更为寸土寸金的曼哈顿“省”出了占地5000多亩的中央公园。1909年建成的纽约大都会人寿保险公司大楼高206米，是世界上第一幢高度超过200米的摩天大楼。

近代中国高层建筑起源于20世纪初的上海，起初由于经济、技术水平有限，高层建筑的发展较为缓慢。改革开放以来，中国经济高速发展，城市人口不断增多，城市建设用地越发紧缺，于是，高层建筑越来越成为城市建筑的主体。20世纪90年代，中国的超高层建筑快速发展，建成了多座200米以上的高层建筑：2008年建成上海环球金融中心大厦，楼高492米；2017年建成深圳平安国际金融中心大厦，高达592.5米。据《2018年高层建筑回顾报告》显示，中国在2018年总共建造了88座200米以上的建筑物，占当年世界摩天大楼建造总量的60%以上；其中14座建在深圳，约占全球总数的10%，深圳已连续三年位居排行榜之首。

在当今社会，建造超高层建筑的优势有很多。首先，超高层建筑有利于缓解人口和土地紧张问题，连续而紧凑的空间是超高层建筑的最大优势。受人口、土地、价格等因素制约，在北京、上海等大城市，特别是在寸土寸金的金融区，建设超高层建筑可以将节省出的土地用于绿化、交通等城市公共服务，完善宜居环境。中国工程院院士江欢成表

高楼林立的上海浦东新区一角　钱卫忠等 摄

示，在中国，如果实现了高层建筑多层化，就是实现了垂直设施市政化，这对缓解中国的人口和环境压力都是一件好事。其次，超高层建筑逐渐成为城市的“名片”。近年来，各城市对于建造摩天大楼、标志性建筑的愿望愈加强烈，一些地方纷纷将摩天大楼的设计高度瞄准中国第一，甚至世界第一。地标性建筑也能成为城市“名片”，能够提升区域知名度，带动外来投资和区域经济发展。

有专家认为，兴建摩天大楼应与城市规模、城市设施、经济水平相适应，各个城市应考虑自己的经济实力、基础设施配套情况、城市投资能力和消费能力进行规划。如何让区域内有限的土地利用价值最大化，为城市注入更多经济活力，让人与环境和谐共存，将成为中国城市化发展的重要命题与挑战。随着在高度上的突破，超高层建筑对于整个建筑业包括信息技术和设备制造等方面不断提出更新的要求，超高层建筑与城市的规划理性结合，是一个值得关注的议题。2018年9月，第二届中国超高层建筑产业国际峰会在深圳举办。会上有专家指出，随着城镇化的快速发展，中国的高密度城市核心区的超高层建筑发展非常快，超高层建筑的投资、策划、设计、建造以及管理都有了一些新的理念、新的技术和新的模式，从而有效地提高了中国超高层建筑的品质。

53. 世界上最大规模的人工林——“三北”防护林

美国宇航局（NASA）在2019年2月12日宣布，根据卫星观测，过去20年间地球正在变得越来越“绿”。英国《自然》杂志的子刊《自然·可持续》上刊登了相关研究文章，研究文章认为主导地球绿色行动的是中国和印度。研究数据表明，中国新增绿化面积的42%来自植树造林，32%来自农业。为应对水土流失、空气污染和气候变化，一代代中国人在森林保护和植树造林方面付出了巨大努力，而迄今为止持续40多年的人工造林工程——“三北”防护林工程奇迹般地创造出世界上最大的人工防护林。“三北”防护林工程是中国实施的一项造福当代、惠及

世界上最大的植树工程——“三北”防护林（局部）

子孙的生态建设工程。工程实施40多年来，得到了国际社会的普遍认可和赞誉。在1987年6月5日的“世界环境日”上，“三北”防护林建设局被联合国环境规划署评为“全球环境保护先进单位”。目前已经有“三北”防护林建设局、新疆和田等多家单位被联合国环境规划署授予“全球500佳”称号。

国家林业局公布的数据显示，“三北”防护林工程自1978年正式开展以来，40多年间，中国森林面积由17.25亿亩增加到31.2亿亩，森林覆盖率由12%提高到21.66%，森林蓄积量由90.28亿立方米增加到151.37亿立方米。其中，人工林面积由改革开放初期的3.3亿亩扩大到现在的11.8亿亩，在森林面积中的占比从19%上升到37.8%，贡献了大部分的森林增量，“三北”防护林已成为世界上面积最大的人工防护林。

“三北”防护林工程的诞生源于当时迫在眉睫的生态危机。1977年，由于生态环境的持续恶化，联合国内罗毕国际荒漠化会议甚至把北京列为荒漠化边缘化城市之一；“三北”地区沙尘暴发生的次数越来越多，造成的危害越来越严重；过度的农业垦荒行动破坏了内蒙古地区的沙地植被，导致1000多万亩土地开始沙漠化。西北、东北、华北成了中国自然环境最恶劣的地区。为了遏止生态继续恶化，1978年11月，党中央、国务院作出了在中国西北、东北、华北地区实施“三北”防护林工程建设的重大战略决策。

违背自然规律进行的过度开荒和种植加剧了“三北”地区生态环境的恶化程度，严峻的自然环境更会严重制约“三北”地区经济社会的发展。生态环境的恶化给农业造成了巨大损失，制约了农牧业的发展。位于阿拉山口的新疆维吾尔自治区精河县，在1972年到1983年间，平均受灾面积约355公顷，占同期播种面积的21.2%，其中风害面积135.8公顷，占受灾面积的35%。不仅农业发展受到了环境恶化的严重影响，林业建设也成为经济社会发展的一块短板。尽管中国木材资源生产量随着生产力的发展逐年增加，但是木材消耗量增长的速度远高于木材生产量增长的速度。根据1993年中国统计出版社出版的《中国生产资料市场统计年鉴》的统计，从1958年开始，中国木材资源年初年末库存差额达到–74万立方米，1962年达到–62万立方米，1970年甚至达到–148万立方米，这意味着木材资源年初年末库存差开始呈现负增长。

在这样的情况下，植树造林，加强经济型防护林建设，进而缓解中国环境恶化速度，缓解林业资源与经济建设供需之间的矛盾已刻不容缓，“三北”防护林工程应运而生。这一工程实施40多年来，累计造林保存面积3014.3万公顷，工程区森林覆盖率由1977年的5.05%增加到13.57%。与此同时，天然林资源保护、退耕还林还草、京津风沙源治理、长江流域等重点防护林体系建设、国家储备林建设等重点林业生态工程稳步实施。截至2017年，全国林业重点生态工程累计完成造林1.03亿公顷，实现了全国荒漠化和沙化土地面积在连续3个监测期的“双缩减”，水土流失和土壤侵蚀得到遏制，土地沙化面积由20世纪90年代末年均扩展3436平方千米转变为年均缩减1980平方千米，实现了由“沙进人退”到“绿进沙退”的历史性转变。

环境的改善带来的是经济发展，三北地区的粮食产量等经济指标开始提高。根据《三北防护林体系建设30年发展报告》的统计，1978年至2007年间，“三北”地区农牧防护林共保存272.3万公顷，保护农田面积也由1977年的485.43万公顷增加到2248.65万公顷，保护牧场面积由1977年的395万公顷增加到2007年的1333.49万公顷，农田林网化程度由1977年的14.53%提高到2007年的68.58%，粮食单产产量由1977年的117.82千克提高到2007年的311.44千克。截至2007年，东北平原共营造农田防护林70.022万公顷，庇护农田776.16万公顷，林网程度达到72.24%；粮食单产由过去的84.9千克提高到现在的323.4千克，总产由1400万吨达到7000万吨。

除了经济成果，“三北”防护林工程还取得更多成果：推动了林业知识的普及；引起了国家对林业和生态环境的高度重视，增加了资金、政策、人力等多方面的支持，培养了一批专业化的林业工作者。

这样庞大的造林工程，将生态环保意识深入传播到全社会，提高了全国人民的环保意识，使环境保护作为一种生活方式深入人心并开始影响中国人日常生活的方方面面。1979年2月，五届全国人大常委会通过了将每年3月12日定为中国的植树节的决议，从此以“植树造林”为目的的植树节成为中国的法定节日。在学校教育中，植树节成为中小学生真正参与植树造林行动的重要渠道。孩子们在植树节通过切实的植树造林劳动，不仅在土地中栽种了绿色的树苗，更在心里根植了保护环境的思想，将环境保护的思想用更深刻的方式传承下去。

54. 世界上唯一被整体治理的沙漠——内蒙古库布齐沙漠

库布齐沙漠位于内蒙古西部，是中国第七大沙漠，也是距离北京最近的沙漠。处于“几”字形黄河内侧顶部的库布齐沙漠，曾经黄沙肆虐，如今却是满目苍翠，树木茂盛。库布齐沙漠被治理总面积已经超过了6000平方千米，成为世界上唯一被整体治理的沙漠。据联合国环境署统计，库布齐沙漠共计修复绿化沙漠900多万亩，固碳1540万吨，涵养水源243.76亿立方米，释放氧气1830万吨，生物多样性保护产生价值3.49亿元，创造生态财富5000多亿元，其中80%是生态效益和社会效益，带动民众脱贫超过10万人，创造就业机会100多万个。库布齐沙漠生态治沙，创造出集生态修复、生态牧业、生态健康、生态旅游、生态光能、生态工业“六位一体”的生态产业体系，走出了一条抗争荒漠化、整体消除贫困、改善区域生态环境、建设整治沙漠土地的绿色发展之路，在大漠上创造了中国奇迹。

在中国，三分之二的国土在西部，三分之一的西部是沙漠，三分之一的贫困人口在沙漠，土地荒漠化已成为极度贫困化的根源之一。要从根本上消除贫困，离不开对沙漠的治理。治理沙漠是一个世界性的难题，消除贫困也是一个世界性的难题。两个相互叠加的难题，在库布齐沙漠中找到了破解之道。以亿利集团为代表的企业开创了产业化治沙的模式，是成功治理库布齐沙漠的关键之一。20世纪80年代，库布齐沙漠一片荒凉，肆虐的风沙使这里居住的十几万牧民的生活异常艰难。带着改善沙漠、治理沙漠的美好愿望，亿利集团董事长王文彪带领着团队，在政府的支持下开始在沙漠中植树修路。风沙的肆虐让修路异常艰辛，所以必须从生态入手，创新技术，借助生态把路保护好。1999年10月8日，通过不懈努力，第一条穿沙公路终于开通。这条公路，让以后的产业化和经济化治沙成为可能。在修路、护路的过程中，王文彪团队发现了这座沙漠有甘草的生命迹象，一株甘草可以让3—5平方米的沙漠变成土壤，对一定区域的防风固沙提供了很大的帮助。种植甘草，既可以有效改善沙漠，还可以给企业带来可观的收益。亿利集团依托库布齐围封补种和半野生栽培的220万亩甘草基地和30多万亩苁蓉等中药材，建立了甘草、苁蓉等中药材规模化生产基地，创新研发了亿利甘草良咽、清开灵滴丸、蓉蛾益肾口服液、复方甘草片、复方甘草口服液等特色中蒙药系列产品，以及驰名中外的“梁外甘草”制造，“沙小甘”健康饮品，打造了沙漠生产健康产业全产业链，年收入也突破百亿元。此外，在中草药种植的区域，库布齐

被整体治理的内蒙古库布齐沙漠（局部）

沙漠里出现了几千年才能形成的厘米层土壤。

为了更好地保护库布齐沙漠周边的生态环境，防止库布齐沙漠每年数以亿吨的泥沙进入黄河后造成其改道，防沙锁边林工程于2001年开始动工。该工程主要是沿库布齐沙漠的北边、黄河南岸，建设240千米长的锁边林带。2004年，这项耗资十几亿，历时四年，动用十几万工人，长240千米、宽5千米的黄河锁边林工程完工，有效地遏制了库布齐荒漠化的蔓延，阻挡了流向北京及其周边地区的沙尘。大面积的经济生态林，为企业带来丰厚回报的同时，也带动了当地农牧民共同致富。商业模式的沙漠治理，不仅改变了沙漠，而且还有效利用沙漠的光热和空间优势。发展光伏清洁能源，在荒漠化地区创新实施“发电+种树+种草+养殖”特色生态光伏产业，实现了修复沙漠土地、生产绿色能源、创造绿色岗位的多重效益。库布齐模式创造的绿色经济已经带来了300多亿的生态收入，让沙漠地区十多万人彻底摆脱贫困。如今，库布齐形成的生态产业体系模式，已被推广到塔克拉玛干沙漠、腾格里沙漠、乌兰布和沙漠，并且在西藏、青海等生态脆弱地区成功落地。

在沙漠治理过程中，由政府政策性主导、企业产业化投资、农牧民市场化参与、科技持续化创新的库布齐沙漠治理模式逐渐成型。当然，中国人的治沙经验并非仅有库布齐沙漠一个案例，毛乌素沙漠的治沙成果也备受瞩目。毛乌素沙漠面积约4.22万平方千米，从20世纪60年代开始，政府与民间相互配合，启动了一系列改造沙漠的巨大工程，产业环保相结合的治沙模式，不仅让曾经黄沙肆虐的毛乌素得到有效治理，也让榆林这座沙漠之都变成了大漠绿洲。

从不毛之地到绿色屏障，库布齐沙漠、毛乌素沙漠的治理经验得到了国际社会的认可。2015年7月28日，库布齐沙漠三分之一的绿化成果荣获联合国颁发的“2015年度土地生命奖”，中国亿利资源集团与埃及塞科姆集团（SEKEM）同时荣获联合国防治荒漠化公约（UNCCD）颁发的“2015年度土地生命奖”。联合国副秘书长、联合国环境署执行主任埃里克·索尔海姆（Erik Solheim）指出，库布齐模式体现出中国政府对环境治理的重视力度和在沙尘暴治理方面的积极探索，值得世界借鉴，库布齐沙漠生态经济的发展模式可以为世界上其他面临荒漠化问题的国家和地区提供经验。库布齐沙漠治理所取得的成就令国际社会刮目相看，固然中国仍面临着环境问题，但中国正在用自己的智慧和坚韧，努力为地球增添绿色。

55. 世界上持续时间最长的连续五年规划体制

五年规划（原称五年计划），全称为中华人民共和国国民经济和社会发展五年规划纲要，主要是对国家的重大项目和国民经济的发展制定目标和方向。五年规划与国家政治与经济体制密不可分。世界的计划化浪潮始于第一次世界大战之后，兴于第二次世界大战之后，此后有很多国家与地区采取了计划体制。虽然许多国家都制定中长期计划，但往往坚持力度不够，而中国以五年计划或规划为发展手段，长期并持续地坚持将社会主义现代化作为发展目标。

中国的五年规划体制是全球范围内持续时间最长的连续五年规划体制。中国在1953年实施第一个五年计划，并将于2020年完成第十三个五年规划，时间跨度超过了苏联的五年计划，并在可预见的未来还将长期存在。长达60多年的政策规划为中国国民经济与社会发展奠定基础，而13个五年规划也在一定程度上反映了中国经济和社会发展的历史，是中国共产党在治国理政方面的不断创新，也是国家战略规划不断调整与提升的体现。

从历史纵向角度来看，五年规划记录了社会主义建设和改革的发展脉络，具有鲜明的阶段式特征和时代烙印。1953年，第一个五年计划正式实施，标志着系统建设社会主义进入了实施阶段。“一五”计划的科学决策，使国民经济得到了全面恢复和初步发展，初步奠定了工业体系，为以后大规模开展经济建设储备了力量。改革开放初期的“六五”

计划是国家规划发展史上的重要的转折点。这个计划由国务院集合了各有关部门的相关人员与专家学者，在大量调查研究和测算的基础上，按照中共中央提出的战略部署制定的，是一个在调整中使国民经济走上稳步发展的健康轨道的计划。此后，五年计划指导国民经济建设的作用继续显现。“七五”计划实现了该计划提出的战略目标，“八五”计划的完成率达到当时历史上的最高值，“九五”计划完成得相当理想，“十五”计划完成情况总体良好。“十一五”规划主要目标基本完成，“十二五”规划目标完成率更是达到了95.8%，创造了新的历史纪录。

从横向来看，每一次的五年规划都具有明确的目的性和指引性。“十二五”规划和“十三五”规划都指出，规划编制主要阐明国家的战略意图，明确政府的工作重点，引导市场的主体行为，制定未来五年中国经济社会发展的宏伟蓝图，是全国各族人民共同的行动纲领，是政府履行经济调节、市场监管、社会管理和公共服务职责的重要依据。规划涉及内容一般包括了发展目标、发展理念、构建发展新体制、农业现代化、现代产业体系、基础设施网络、生态环境建设、区域协调发展和社会民生、国防外交等方方面面，为国家的长远战略谋划了清晰的发展路线。五年规划的编制过程，是中央至地方智慧的大综合，有着科学的决策程序。“集众智而撼江海”，从调查研究到专家会议的反复研讨，都体现了规划的科学与严谨。经过60多年的历史检验和经验积累，中国已经形成了一套成熟的五年规划编制能力。

在近70年的中长期计划或规划实行中，中国不断从自己和别国的经验教训中汲取养分，不断调整规划的战略方向、战略定位及其制定方式。在“一五”至“五五”期间，中国规划工作的重点放在确定与转换规划的战略方向上。如“一五”突出产业排序，有序发展重工业；“二五”突出增长指标；“三五”突出空间布局，对一、二、三线城市进行全面部署，加快三线城市建设。在“六五”到“九五”期间，中国工作的重点转至调整规划自身的战略定位，如实行社会主义市场经济替代实行计划经济，国民经济与社会发展计划替代国民经济计划，直至发展为现今的国民经济与社会发展规划。

五年规划是国家能力的重要体现。所谓“国家能力”，就是统筹规划所有资源，并在未来将自己的意志转化为现实的能力。五年规划的靶向就是国家未来五年的发展目标，通过在一个较短的时期内制定具体的指标来促使国家不断取得成就，对国民经济的发展起着统筹、规划和指引的作用。重要的是，中国的五年规划是实打实地执行指标而非一种“政治愿景”。五年规划目标的完成情况，体现了国家的治理能力。从五年规划实施评估数据来看，“十一五”规划指标的完成率为86.4%，明显高于“十五”计划64.3%和“九五”计划75%的完成率。

从科学决策到目标实现，中国在调整中完善每个阶段的规划，在实践中汲取宝贵经验。2016年，诺贝尔经济学奖得主安德鲁·迈克尔·斯宾塞（Andrew Michael Spence）在中国“两会”召开前夕接受新华社记者电邮采访时说，坚持制定五年规划让中国受益匪浅，这一经验值得西方学习。西班牙中国政策观察所所长胡利奥·里奥斯（Julio Ríos）说，五年规划在中国仍然具有重要地位，所提出的目标对公共部门仍具有重大影响力，因此对经济的管理具有决定性作用。曾担任《华尔街日报》驻中国总编的麦健陆（James McGregor）认为，美国可以向中国学习的一个重要经验就是设立目标、制定计划，全力推动整个国家向前走。

56. 世界上最大规模的基层民主选举——人大选举

据《人民日报》报道，2016年全国9亿多选民参加县乡人大换届选举，直接选举产生250多万名县乡两级人大代表，涉及全国2850多个县（市、区）、32000多个乡镇。这次选举不仅选民规模在世界范围内最大，产生的代表数量、覆盖的范围和选举的代表性也首屈一指。这是我国人民代表大会制度先进性的集中体现。人民代表大会制度是坚持党的领导、人民当家作主、依法治国有机统一的根本政治制度安排，具有鲜明的中国特色。它是与中国基本政治制度，即中国共产党领导的多党合作和政治协商制度、民族区域自治制度以及基层群众自治制度共同构成的制度安排，是在中国历史传承、文化传统、经济社会发展基础上长期发展、逐渐改进、内生性演化的结果。

1949年9月，具有临时宪法地位的《中国人民政治协商会议共同纲领》规定，新中国实行人民代表大会制度。1954年9月，一届全国人大一次会议通过的《中华人民共和国宪法》明确规定："中华人民共和国的一切权力属于人民。人民行使权力的机关是全国人民代表大会和地方各级人民代表大会。"人民代表大会制度建立以来，不断得到巩固与发展，展现出蓬勃的生机与活力。

改革开放以来，中国选举制度经历了三个历史性跨越：一是1979年选举法的修订，人大代表的直接选举范围由乡镇扩大到县一级；二是在对1979年选举法的修订中，将等额选举改为差额选举；三是2010年选举法将从城乡按不同人口比例改为按相同人口比例产生人大代表，全面实现了选举权的平等。2016年年底，国务院新闻办公室发布数据显示，在当选的第十二届全国人民代表大会2987名代表中，来自一线的工人、农民代表有401人，占代表总数的13.42%；妇女代表699人，占代表总数的23.4%；少数民族代表409人，占代表总数的13.69%。这说明了人大代表的广泛性，根源于人大代表名额的确定和分配是按城乡相同人口比例进行的。

选举法规定：全国人大代表的名额，由全国人大常委会根据各省、自治区、直辖市的人口数，按照每一代表所代表的城乡人口数相同的原则，以及保证各地区、各民族、各方面都有适当数量代表的要求进行分配。地方各级人大代表的名额，由本级人大常委会或者本级选举委员会根据本行政区域所辖的下一级各行政区域或者各选区的人口数，按照每一代表所代表的城乡人口数相同的原则，以及保证各地区、各民族、各

2016年7月28日香泉乡流溪村选民为人大代表选举投票

方面都有适当数量代表的要求进行分配。

历史充分证明，人民代表大会制度是符合中国国情和实际、体现社会主义国家性质、保证人民当家作主的根本制度，这一制度也构成中国基层政治和民主生活的基础，基层民主选举就是中国特色基层民主制度最重要的内容之一。配合基层议事、公开、述职、问责等机制的完善以及形式多样的基层民主协商的制度化，中国基层民主制度的内容、方式和有效性将进一步提升。

57. 出席人数最多的全球政党领导人大会

2017年11月30日至12月3日，中国共产党在北京举办中国共产党与世界政党高层对话会，来自120多个国家近300个政党和政治组织的共600多名中外代表齐聚北京，规模空前。这是党的十九大后中国举办的首场主场多边外交活动，是我们党首次与全球各类政党举行的高层对话，也是出席人数最多的一次全球政党领导人对话会。

这次会议是为了更集中、高效地回应国际社会的期待，集中向外国政党朋友直接介绍中共十九大精神，深入阐释习近平新时代中国特色社会主义思想，通过对话交流共同探讨推动构建人类命运共同体、共同建设美好世界的途径。大会的主题是“构建人类命运共同体、共同建设美好世界：政党的责任”。中共中央总书记、国家主席习近平出席开幕式并发表题为《携手建设更加美好的世界》主旨讲话，深刻阐释世界应如何发展，旗帜鲜明地承诺中国共产党将如何大有作为，并展现了“四个世界”的远大图景：

一要在安全上努力建设一个远离恐惧、普遍安全的世界。面对日益复杂化、综合化的安全威胁，单打独斗不行，迷信武力更不行。应坚持共同、综合、合作、可持续的新安全观，营造公平正义、共建共享的安全格局，共同消除引发战争的根源。二要在经济上努力建设一个远离贫困、共同繁荣的世界。应坚持“你好、我好、大家好”的理念，推进开放、包容、普惠、平衡、共赢的经济全球化，创造全人类共同发展的良好条件，共同推动世界各国发展繁荣。三要在文化上努力建设一个远离封闭、开放包容的世界。应坚持世界是丰富多彩的、文明是多样的理念，让人类创造的各种文明交相辉映，共同消除现实生活中的文化壁垒，共同抵制妨碍人类心灵互动的观念纰缪，共同打破阻碍人类交往的精神隔阂，让各种文明和谐共存，让人人享有文化滋养。四要在环境上努力建设一个山清水秀、清洁美丽的世界。应坚持人与自然共生共存的理念，对自然心存敬畏，尊重自然、顺应自然、保护自然，共同保护不可替代的地球家园。

习近平总书记在讲话中多次提到构建人类命运共同体，赢得与会嘉宾高度共识。葡萄牙社会党常务委员会委员波尔菲里奥·席尔瓦说："我们非常赞同习近平总书记提出构建人类命运共同体的倡议。正因为当今国际上各个国家的发展情况不一样，我们才需要寻找共同点，求同存异，只有这样我们才能构建一个更好的时代。"西班牙工人社会党执委会成员、国际书记戈麦斯表示："构建人类命运共同体主张，为应对国际社会面临的各种全球性挑战提出了中国方案，为促进世界和平与发展注入强大信心与力量。"

大会还设置了"新时代的中国共产党与世界"十九大精神专题研讨会，以及"加强政党建设：政党的挑战和未来""建设美好国家：政党的实践和经验"等分组会，外国政党领导人与中方在经济建设、反腐倡廉等方面进行了深入交流研讨，会议还通过了《北京倡议》。中联部副部长郭业洲表示，这次会议在我们党的历史上具有开创性意义，在世界政党史上也具有突破性意义。搭建这样一个全球性政党高层对话平台，有助于各国政党共商共议、平等交流，相互借鉴治党理政经验，共同提高执政或参政能力，为应对人类社会面临的发展难题、携手构建人类命运共同体凝聚更多的力量和智慧。这场规模空前的对话会展现了中国共产党的先进性和开放、包容、自信的形象，是中国政党外交在形式、内容等方面的重大创新。

58. 世界上最广泛的协商制民主实践

社会主义协商民主，是在中国共产党领导下，人民内部各方面围绕改革、发展、稳定等重大问题和涉及群众切身利益的实际问题，在决策之前和决策实施之中开展广泛协商、努力形成共识的重要民主形式。社会主义协商民主的广泛性体现在渠道多样、内容涵盖范围广、全层级覆盖、协商机制灵活多样上。

社会主义协商民主有深厚的文化根基。中华文明源远流长，传统民本思想中就强调“天下为公”，倡导“君子和而不同”、求同存异等和谐共存的理念。社会主义协商民主的具体制度则是由全体人民作出的历史选择。解放战争期间，国民党从“制宪国大”到“行宪国大”，以民主之名行独断之实，受到中国共产党和各民主党派、各人民团体的抵制。为了真正实现人民民主，中国共产党大范围凝聚共识，于1948年4月30日发表“五一口号”，得到了各界民主人士的热烈回应。此后，中国共产党多方组织力量，邀请和护送民主人士北上商议民主联合政府的建立。在共识的基础上，1949年9月第一届中国人民政治协商会议在北平隆重召开，会议通过了《中国人民政治协商会议共同纲领》，完成了建立新中国的历史使命，揭开了新中国历史的第一页。

党的十八大报告指出，社会主义协商民主是我国人民民主的重要形式，并作出健全社会主义协商民主制度的战略部署。社会主义协商民主需要经过充分的沟通，寻求不同意见中的“最大公约数”，才能够真正保障人民当家作主。协商民主有利于促进科学民主决策，充分吸收各派观点，集思广益，统一思想，又能够有效避免长时间的议而不决。协商民主有利于化解矛盾冲突，促进社会和谐稳定，在中国共产党的领导下，搭建各方对话交流的平台。

从协商渠道来看，社会主义协商民主包含政党协商、人大协商、政府协商、政协协商、人民团体协商、基层协商以及社会组织协商等多种渠道。以中国人民政治协商会议为例，它由中国共产党、中国国民党革命委员会、中国民主同盟、中国民主建国会、中国民主促进会、中国农工民主党、中国致公党、九三学社、台湾民主自治同盟9个党派，以及无党派民主人士、人民团体、各少数民族和其他各界代表，台湾同胞、香港同胞、澳门同胞和归国侨胞的代表以及特别邀请的人士组成，代表性非常广泛。再以第十三届全国政协为例，2158名委员中共有中共委员859名，占39.8%，非中共委员1299名，占60.2%；56个民族都有人选进入全国政协；平均年龄55.9岁；大学以上学历1971名；中国科学院院士、中国工程院院士共105名。同时，这份名单中女委员的数量与第十二届全国政协相比，增加了41名，提高了2.6个百分点。

从协商内容看，社会主义协商民主涵盖党和国家政治生活中的重大事项，从法律法规的制定修改到经济社会发展的重要决策，从涉及人民群众切身利益的实际问题到各协商渠道自身建设的相关事务等。中国人民政治协商会议第十三届全国委员会设置以下十个专门委员会：提案委员会、经济委员会、农业和农村委员会、人口资源环境委员会、教科卫体委员会、社会和法制委员会、民族和宗教委员会、港澳台侨委员会、外事委员会、文化文史和学习委员会，对相关领域的问题进行专门的研究。

从协商层级来看，社会主义协商民主覆盖从中央到基层的各个层级。全国各省、自治区、直辖市、市、自治州及部分县和市辖区，均设有政治协商会议地方委员会和常务委员会。中国人民政治协商会议全国委员会对地方委员会的关系和地方委员会对下一级地方委员会的关系是指导关系。政协地方委员会对全国委员会的全国性的决议，下级地方委员会对上级地方委员会的全地区性的决议，都有遵守和履行的义务。

从协商机制来看，社会主义协商民主的协商机制包括但不限于会议、提案、委员视察、专题调研、反映社情民意信息等。特别是政协通过组织各党派团体和各族各界人士，围绕国家大政方针，改革发展中党和国家重视、人民群众普遍关注的问题，通过专门渠道汇集、分析，向中国共产党和政府以及有关部门反映重要情况，提出意见和建议，专门委员会定期组织社情民意座谈会，成为政协极富特色的一项经常性、基础性工作。

长期的政治实践表明，社会主义协商民主是符合中国社会特征的、具有广泛代表性的中国特色社会主义民主政治制度。

59. 世界上最高效的立法工程

2011年3月，全国人大常委会时任委员长吴邦国在人民大会堂宣布，一个立足中国国情和实际、适应改革开放和社会主义现代化建设需要、集中体现党和人民意志的，以宪法为统帅，以宪法相关法、民法商法等多个法律部门的法律为主干，由法律、行政法规、地方性法规等多个层次的法律规范构成的中国特色社会主义法律体系已经形成。国家经济建设、政治建设、文化建设、社会建设以及生态文明建设的各个方面实现有法可依。

中华人民共和国成立以后，废除了国民党的旧法统，中国现代法治建设又经历了十分曲折的认识、重建、转型的发展历程，才重新起步。中华人民共和国成立初期，百废待兴，所有的法律制度都要在新的社会关系基础上建立起来，宪法和几项基本法首先订立，还有很多领域主要靠政策进行调控。从1954年宪法颁布到1979年，我国实行中央集权的立法体制，在此期间，包括各种意见、办法、命令、决议、决定、通知、报告、答复、办法等在内的中央立法共1115件，年均立法59件，地方因无立法权所以记录为零。这一体制在社会主义制度建设探索期，强有力地保证了中央对全国各项事业的集中统一领导，但也在相当程度上影响了地方积极性的发挥。1978年，中共十一届三中全会明确提出社会主义法制要做到“有法可依、有法必依、执法必严、违法必究”，开启了改革开放以来中国特色社会主义法律体系的集中建设时期。1978年12月13日，邓小平在中央工作会议闭幕会上的讲话中指出：“为了保障人民民主，必须加强法制。必须使民主制度化、法律化，使这种制度和法律不因领导人的改变而改变，不因领导人的看法和注意力的改变而改变。”

1979年7月，第五届全国人大第二次会议通过的《中华人民共和国地方各级人民代表大会和地方各级人民政府组织法》，把立法权的主体范围由中央的全国人大及其常委会一级，扩大到了省级人民代表大会及其常委会，充分调动中央和地方的两个积极性。1986年第二次修正的《中华人民共和国地方各级人民代表大会和地方各级人民政府组织法》第7条规定，省、自治区的人民政府所在地的市和经国务院批准的较大的市的人民代表大会，在不同宪法、法律、行政法规和本省、自治区的地方性法规相抵触的前提下，可以制定地方性法规，报省、自治区的人民代表大会常务委员会批准后施行，并由省、自治区的人民代表大会常务委员会报全国人民代表大会常务委员会和国务院备案。1992年、1994年和1996年又先后授予深圳市、厦门市、珠海市及汕头市的人大及其常委会制定法规权。2000年颁布的《立法法》，进一步完善了我国的立法体制，明确规定了只能由全国人大及其常委会制定法律事项的专属立法职权，并对全国人大及其常委会的授权立法作出原则规定。

随着立法体制的日渐完善，我国立法工程在这一时期蓬勃开展。在中央层面，现行《中华人民共和国宪法》和民法、刑法等基本法陆续确立起来；地方性法规和各级规章的制定也积极活跃，各层级、各领域的立法工作有序开展。目前，我国有法律250多部、行政法规700多部、地方性法规9000多部、行政规章11000多部。在大陆法系国家中，中国的法律规模已经超越了德国、法国、日本等国，居于领先地位。在中国这样一个国情复杂多样的大国，在短短的70年而且主要是1979年以来的40年间，实现如此高的立法效率，是在其他国家未出现过的。

在“有法可依”的基础上，立法质量不断提升。70年里，中国形成了统一的、分层次的立法体制，除国家立法权由全国人大及其常委会统一行使外，其他有关国家机关可以依法行使部分立法权；形成了一套行之有效的“三审制”立法机制，一部法律草案提交全国人大常委会审议后，一般要经过全国人大常委会三次会议审议才交付表决；形成了一系列的开门立法制度，通过《关于立法中涉及的重大利益调整论证咨询的工作规范》《关于争议较大的重要立法事项引入第三方评估的工作规范》，建立了立法中涉及重大利益调整论证咨询工作流程，健全了立法起草、论证、咨询、评估、协调、审议等工作机制；日益注重法律的修订工作，引入更加先进的法治理念，保持法律内容与其所调整的社会关系相适应。

中国用了70年的时间，特别是改革开放以来的40多年，建立了西方国家用了更漫长的时间才建构的法制体系，这是世界上最为高效的立法工程。国际社会也对中国的法治建设成就予以充分认可和肯定，德国学者孟文理（U. Manthe）在其发表的《20世纪中国的法制建设和发展》一文中总结道，中国建立了现代化的法律制度，不仅能够满足高度发展的经济的要求，也达到了现代社会的法制标准……根据经济发展规划，中国正逐步建立富足的小康社会，根据历史经验，这正是民主法治社会的最佳条件。

60. 世界上首家互联网法院

2017年6月26日，中国共产党中央深化改革领导小组第三十六次会议审议通过了《关于设立杭州互联网法院的方案》。2017年8月18日，杭州互联网法院挂牌成立，这是全球首家互联网法院。2018年9月，北京互联网法院、广州互联网法院相继成立。中国的互联网法院率先在国际上积极探索互联网司法新模式，取得很大进展，也吸引了全世界的目光。

近年来，随着人民群众日益增长的多元司法需求与司法能力不足的矛盾日益凸显，中国法院系统将司法信息化作为司法改革的重要环节，最高人民法院院长周强在全国高级法院院长座谈会上表示，司法改革和信息化建设是人民司法事业发展的车之两轮、鸟之两翼，要大力推进信息化建设转型升级，加快建成人民法院信息化3.0版。而“互联网法院”就是司法适应新时代人民群众司法需求的时代产物，实现了案件审理的网络化、阳光化、智能化。

互联网法院全流程在线办案，运用现代信息技术开展制度创新，实现了案件审理网络化。据杭州互联网法院工作人员介绍，当事人通过登陆杭州互联网法院诉讼平台，勾选和填充表单式的结构化选项，5分钟内即可完成起诉立案申请；立案后，系统自动生成相关法律文书并加盖法院公章，以短信、语音、电子邮件等电子方式送达当事人；在举证及质证环节，系统会自动提示证据交换动态，便于当事人利用空余时间完成诉讼；庭审以视频方式进行，当事人只需一台电脑或者手机，足不出户便可参与庭审；庭审时，电子证据通过诉讼平台在线展示，双方围绕争议焦点进行调查和辩论，语音识别系统实时生成电子笔录，大大缩短了庭审时间。通过实现案件审理的网络化，互联网法院“24小时不打烊”，进一步提升了司法审判效率，促进了司法便民。

互联网法院运用信息化手段全面实现司法公开，实现了案件审理阳光化。在互联网法院建设的基础上，中国司法系统全面推进庭审公开化、审判文书社会共享化、执行信息全程透明化、审务信息在线公示等全方位“阳光司法”平台建设。2018年5月，中华人民共和国首席大法官、最高人民法院院长周强在第十三次上海合作组织成员国最高法院院长会议上宣布，中国庭审公开网直播庭审的案件已超过86万件，观看量超过61亿人次。中国裁判文书网公开文书超过4500万份，累计访问量超过153亿人次，用户覆盖210多个国家和地区，已成为全

北京互联网法院内的网络调解室　鞠焕宗　摄

球最大的裁判文书资源库。

互联网法院运用现代信息技术辅助法官办案，实现了案件审理的智能化。探索了涉互联网类案件的审理新路径，积极开展技术创新和制度创新，解决了涉网案件诉讼主体身份确认难、当事人在线质证难、在线行为控制难等难题，切实提升了司法效率和准确度。例如，杭州互联网法院上线了全国首个司法区块链，用区块链技术组建司法联盟链，实现电子数据全流程记录、全链路可信、全节点见证，从源头上解决了电子证据来源可信问题。北京互联网法院也主导建立了“天平链”电子证据平台，用以解决电子证据存证难、取证难、认定难问题。从2018年9月9日揭牌运行到2019年4月11日的短短半年时间内，“天平链”在线采集数据达3598143条，在线证据验证数据657件，已有58例涉天平链证据的案件，其中40余件已成功调解或撤诉。

互联网法院是中国司法信息化道路探索上的一个侧影，根据人民法院信息化3.0版建设目标，中国司法系统将进一步依托信息化手段，打造全面覆盖、移动互联、跨界融合、深度应用、透明便民、安全可控的人民法院信息化3.0版，为人民法院现代化提供坚实的信息科技保障，努力让人民群众在每一个司法案件中感受到公平正义。

61. 世界上派出维和部队最多的国家

联合国维和行动旨在帮助各国克服艰难险阻、从冲突走向和平，在局部冲突的解决上拥有独一无二的优势。一个国家在这些活动中作出的贡献大小，直接体现着一个国家在国际社会的地位和担当。中国在恢复联合国成员国和安理会常任理事国合法席位以来，一直积极地参与联合国维和行动，为世界和平稳定作出了巨大贡献。截至2018年11月30日，中国军队已先后参加24项联合国维和行动，累计派出维和军事人员3.7万余人次。目前，中国派驻在外的维和人员共2500余人，另有8000人规模的维和待命部队已经组建完毕，并于2017年完成在联合国维和待命机制的注册。中国成为安理会常任理事国中派出维和人员最多的国家。

从1988年9月开始，中国正式申请加入联合国维持和平行动特别委员会，开启了中国积极参与维护世界和平的新局面。1989年，中国首次派人参加了联合国纳米比亚过渡时期协助团，帮助纳米比亚实现从南非独立的进程。1990年4月，在联合国维和行动简报上，首次出现了关于中国军人的信息："5位来自中国人民解放军的军事观察员抵达大马士革。"这张特意配发了图片的简报，成为中国军队参与联合国维和行动的历史见证。1992年4月，中国第一支"蓝盔"部队——军事工程大队赴柬埔寨执行任务。

进入21世纪，中国的维和事业不断取得新发展。2001年12月，国防部维和事务办公室成立，负责统一协调管理中国军队参与联合国维和行动工作。2003年4月，中国赴刚果（金）维和部队包括了工兵连和医疗队。2003年11月，中国赴利比里亚维和部队由运输分队、医疗分队、工程兵大队组成。2004年10月，中国维和警察防暴队员赴海地维和。这是中国第一次派成建制的防暴警察执行联合国维和行动。2005年10月，中国维和部队赴苏丹部队有工兵分队、运输分队和医疗分队。2006年3月，中国维和工兵营开赴黎巴嫩，这是中国首次成建制向中东地区派出维和部队。2006年5月，中国派出首批赴苏丹维和部队。2007年11月，中国派出首批赴苏丹达尔富尔地区维和部队。这是联合国第一支进驻该地区的维和部队。2009年6月，中国国防部维和中心在北京成立，这是中国人民解放军首个维和专业培训和国际交流机构。

党的十八大以来，中国维和事业取得了更大的成就。2013年12月，中国军队派出首批赴马里维和部队，其中警卫分队是我国派出的首支安全部队。2015年4月，中国首支维和步兵营在南苏丹任务区完成部署。2018年1月4日，赴南苏丹维和的中国军人在处理突发性事件之后得到联合国驻南苏丹特派团的高度评价——“中国维和军人临危不惧、反应迅

中国维和部队阅兵式

速、处置稳妥，你们高度负责任的精神值得称赞。”2017年，中国首支维和直升机分队部署至联合国苏丹达尔富尔维和任务区，并于2018年9月成功完成首次轮换。2018年3月28日，中国常驻联合国代表马朝旭在安理会举行的维和行动问题公开会上说，中国愿继续同广大会员国一道，为进一步改进联合国维和工作，建设持久和平、普遍安全的世界共同努力。

中国积极参与联合国维和行动，是大国责任、大国担当的重要体现。随着自身的快速发展以及国际地位的提升，中国已经成为维护地区及世界和平与稳定、促进各国共同发展与繁荣的骨干力量。中国“蓝盔”在维和行动中展现出的过硬的军事素质，在处理危机事件时的处变不惊和在进行援助建设时的勤劳艰苦等优秀品质，得到了广泛赞誉。2018年10月15日，联合国派驻黎巴嫩部队司令斯蒂法诺·戴尔·科尔将军在专程看望中国第17批赴黎巴嫩维和部队官兵时，为中国“蓝盔”亲笔题词点赞：“非常感谢你们为维护任务区和平与稳定所作的一切努力，联黎部队为拥有中国维和军人而感到骄傲。”

62. 世界上最大规模的基础教育

基础教育在21世纪的教育改革和全球化竞争中具有重要地位，是提高国民素质的根基和实现教育强国的战略基础。20世纪后期，联合国教科文组织提出，基础教育是必不可少的走向生活的通行证，受过教育的从业者可享有更高的职业选择自由度，基础教育对一个人的成长具有奠基性的作用，更对一个国家的发展有着非凡的意义。

中国有着世界最大规模的基础教育实践活动，形成了包括学前教育、义务教育、普通高中教育、德育与校外教育、特殊教育在内的现代化基础教育体系。根据《2017年全国教育事业发展统计公报》，学前教育方面，全国共有幼儿园25.5万所，学前教育入园儿童1937.95万人，学前教育毛入园率达到79.6%。义务教育方面，全国共有义务教育阶段学校21.89万所，招生3313.78万人，在校生1.45亿人，专任教师949.36万人，小学学龄儿童净入学率达到99.91%，初中阶段毛入学率103.5%，九年义务教育巩固率达到93.8%。另外，高中阶段毛入学率达到88.3%，全国普通高中1.36万所，在校生2374.55万人，毕业生775.73万人。普通高中在校生体量占据全国高中阶段在校生的59.8%。特殊教育方面，全国共有特殊教育学校2107所，专任教师5.6万人，在校生57.88万人。

中国是一个发展中国家，却承载着世界上规模最大的教育。70年来，普及基础教育和扫除文盲成为中国教育工作的重中之重。首先是普及基础教育，1949年9月颁布的《中国人民政治协商会议共同纲领》提出有计划、有步骤地实行普及教育的方针。至1957年，小学学龄儿童入学率达到了61.7%。1978年改革开放之后，实施义务教育成为政府的重要任务。1985年5月《关于教育体制改革的决定》确定实施九年义务教育，这是"关系民族素质提高和国家兴旺发达的一件大事"。1986年《义务教育法》规定："国家、社会、学校和家庭依法保障适龄儿童、少年接受义务教育的权利。"从此，中国开始正式推行九年义务教育。根据教育部统计，2000年全国小学学龄儿童入学率达99.1%，初中阶段毛入学率达88.6%。中国用15年的时间基本普及九年义务教育。截至2018年，中国九年免费义务教育水平进一步提升，义务教育巩固率达到94.2%；学前三年教育加快普及，毛入园率达到81.7%；高中阶段教育基本普及，毛入学率达到88.8%。此后，义务教育均衡发展成为中国基础教育发展的目标。

其次是扫除文盲。中华人民共和国成立之时，全国5.5亿人口中有4亿多是文盲，文盲率高达80%，农村的文盲率高达95%以上，学龄儿童的入学率仅有20%左右。1949年12月教育部召开第一次全国教育工作会议，在这次会议上首次提出了从1951年开始进行全国规模的扫盲运动。到1957年上半年，全国原有文盲中有2200万人脱盲，并有160万人达到高小和初中毕业文化程度。改革开放之后，扫盲工作进入新阶段，更加规范化、法制化。经过长期不懈的艰苦努力，从1949年到1998年，中国共扫除文盲2.03亿人，成功地把成人文盲率由1949年的80%以上降到15%以下，青壮年文盲率降低到5%以下。到现在，"扫盲"字眼几近消失，一个落后的时代就此远去。联合国教科文组织在报告中指出，21世纪以来，全世界范围的成人识字率有了显著提升，其中主要原因是中国文盲人口明显减少。如此大规模并卓有成效的扫盲运动，创造了人类历史上的奇迹。

中国的基础教育在普及程度、教育质量、教育公平、教育投入等方面都取得了重要成就。中国从国家体制等顶层设计出发，推行国家工程，大大加快了经济欠发达地区的义务教育发展。这也是世界九个发展中人口大国中，首个从国家体制高度推行义务教育和扫除文盲行动的国家。但中国的教育发展并未止步于此，接下来要针对教育公平、素质教育、创新人才培养等难点和痛点进行进一步探索。联合国教科文组织评价中国的基础教育时提到，中国为世界全民教育发展作出了突出贡献，是发展中国家推进全民教育的成功范例。

63. 世界上最大规模的高等教育体系

国家发展靠人才，民族振兴靠人才，人才是兴国之本、富民之基、发展之源。综合国力竞争说到底是人才竞争。高等教育是一个国家最大的人才储备库。教育部高等教育司有关负责人介绍，总体而言，中国已建成世界上规模最大的高等教育体系，高等教育毛入学率达到48.1%，中国即将由高等教育大众化阶段进入普及化阶段。

高等教育体系是指一个国家各种高等教育机构和高校的总和。高等教育体系的完善与否，代表了一个国家的发展潜力。根据2018年全国教育事业统计，2018年全国共有普通高校2663所，其中本科1245所、高职（专科）院校1418所，各种形式的高等教育在学总规模3833万人。全国普通本专科共招生790.99万人，其中普通本科422.16万人，普通专科368.83万人。全国共招收研究生85.8万人，其中博士生9.55万人，硕士生76.25万人。在学研究生273.13万人，其中在学博士生38.95万人，在学硕士生234.17万人。

中国高等教育体系在历史上几经演变，才有了今日的成就。鸦片战争使清政府意识到中国与西方的差距，一些开明的官员在“中体西用”思想的指导下，开展了“师夷长技以制夷”的器物学习，开办了一批军事学堂、语言翻译学堂和技术学堂。严格意义上的中国近代高等教育，以1862年成立的京师同文馆为标志。京师大学堂创建于1898年戊戌维新运动，成立之初，行使双重职能，既是全国最高学府，又是国家最高教育行政机关，统辖各省学堂。这是中国第一所由中央政府建立的综合性大学，其成立标志着中国近代高等教育的开端。1912年，民国教育部正式公布了新的学制，至1913年完善，称为“壬子癸丑学制”。其后，高等教育继续发展，1927年大学数量突破52所。1937年抗日战争全面爆发，东部主要高等学校基本迁往大后方，涌现出来“西南联大”等一批知名学府。艰苦的抗战没有拖垮中国的教育，相反，大学和独立学院学校数目由战前的78所增加到89所，高等教育学生规模达到战前的两倍多，当时的国立中央大学（今南京大学）甚至在世界大学排名中雄踞“亚洲第一”。

中华人民共和国成立后，中国高等教育掀开新的历史篇章。特别是改革开放以来，中国高等教育事业取得了辉煌的成就。高等教育体制不断改革，高等教育规模持续扩大，高等教育质量不断提升，有力地支撑了中国的现代化建设。2018年10月，U.S.News & World Report网站发布

清华大学校门

了2019世界大学排行榜，这是U.S.News & World Report网站第五次发布世界大学排名，全球共有70余个国家和地区的1250所高校上榜。中国大陆共有130所高校上榜，上榜高校数量仅次于美国，其中清华大学、北京大学入围全球前百强。

1998年5月4日，江泽民同志在庆祝北京大学建校一百周年大会上的讲话中提出："为了实现现代化，我国要有若干所具有世界先进水平的一流大学。"1999年，国务院批转教育部《面向21世纪教育振兴行动计划》，"985工程"正式启动建设。"985工程"一期建设率先在北京大学和清华大学开始实施。2004年，根据《2003—2007年教育振兴行动计划》，教育部、财政部印发《教育部、财政部关于继续实施"985工程"建设项目的意见》，启动二期建设。

2017年9月21日，教育部、财政部、国家发展改革委联合发布《关于公布世界一流大学和一流学科建设高校及建设学科名单的通知》，正式确认公布世界一流大学和一流学科建设高校及建设学科名单，首批"双一流"建设高校共计137所，其中世界一流大学建设高校42所，包括A类36所，B类6所，世界一流学科建设高校95所；"双一流"建设学科共计465个，其中自定学科44个。当前，中国高等教育正在向建设世界一流大学和一流学科的宏伟目标推进。

高等教育合作交流日益广泛深入。中国已与世界上188个国家和地区建立了教育合作与交流关系。2018年度，中国出国留学人员总数为66.21万人，中国已成为世界上最大的留学生生源国；2018年，共有来自196个国家和地区的492185名各类外国留学人员在全国31个省（区、市）的1004所高等院校学习，中国已成为亚洲最大的留学目的国。截至2017年6月，中国已在140个国家和地区建立了512所孔子学院和1074个中小学孔子课堂，现有各类学员210万人，实现全球广覆盖，大幅提升了汉语和中华文化的国际影响力。

64. 世界上规模最大的人才选拔机制——高考

每一年的夏天，一场牵动全中国的考试都会如期而至，这就是“普通高等学校招生全国统一考试”，简称高考。根据教育部以及各省各地区政府部门公布的数据统计，自1977年恢复高考制度到2018年，全国共有22720万考生报名参加了高考；在2008年报名考试人数达到惊人的1050万之后，报考人数逐渐回落，稳定在每年参与人数940万左右。高考成为全世界参加人数最多的周期性考试。

高考内容以考查学科知识为主，严格执行统一命题、统一阅卷、统一招录，绝大多数学生进入大学都需要应对同样的大纲与试题。在中国这样的人口大国，各个地区之间的教学资源和教育水平参差不齐，贫困地区教育资源落后且稀少，发达地区却拥有丰富且先进的教育资源。高考保证了教育不发达地区的学子也有机会接受高等教育。可以说，高考是一场能在每年固定时间里动员整个中国社会力量、吸引全国人民关注的考试，它所包含的意义不再单纯的是选拔进入高等教育人才的测试，更重要的是，它是规范整个社会发展取向的社会制度安排。

利用全国性的统一考试来选拔人才的方式，在中国可以说是自古就有。自隋朝创立科举制度以来，只有这种面向全社会各阶层的统一考试，才能够被广泛接受。中华人民共和国自1952年正式实施了高考制度。1977年8月，邓小平在北京主持召开科学与教育工作座谈会，在这次会议上提出，改变“文革”时期靠推荐上大学的高校招生办法，恢复中断了11年的高校招生考试；同年10月12日，国务院转批教育部《关于一九七七年高等学校招生工作的意见》，标志着全国高等院校招生考试制度正式恢复。1977年的这次高考吸引了全国570万考生报名，成为世界上参加人数最多的一次考试。

自1977年恢复高考至今的40余年间，高考制度改革的步伐从未停止。高考制度从确立之后，一直不断地进行调整来适应社会发展的需求。1994年高考实行了“3+2”方案，从此高中毕业的考生就有了“文史”和“理工”两大分类。1999年教育部颁布了《面向21世纪教育振兴行动计划》。2014年9月，以《国务院关于深化考试招生制度改革的实施意见》的发布为标志，高考迎来了又一次全面的改革，“招考分离、多次考试”正在成为高考改革的主流趋势。

1977年全国大专院校录取了27.3万人，按照最终参加正式高考的人数计算，录取率仅为4.8%，在随后的几年中录取率都没有超过10%。随着更多高等院校的开办和基础教育质量的提升，特别是1999年开始的扩大招生，高考40年来录取率一直保持上涨态势，2016年录取率已经达到82.15%，比1977年增长了16.43倍，为历年来最高值。

中国高考的改革过程，就是高等教育从精英教育向大众教育转变的过程。在以高考作为统一选拔标准的机制下，高等教育不再是异常难以获取的机会，而是大多数人都有希望得到的资源。高考作为一种规范整个社会发展取向的社会制度安排，改变了中国人的社会价值观，让“知识改变命运”成了被广泛认可的社会共识。知识成为社会的普遍追求，远远比培养少数的“社会精英”更有价值。追求知识真正成为当今中国人内心中不可动摇的价值观，正是这种对知识的普遍追求提升了中国劳动力的素质水平，并使其成为推动社会发展的不竭动力。

自隋朝开创科举制到如今牵动整个社会的高考，这种面向所有人的选拔考试，也从曾经为中国发展选拔“社会精英”转变为推动高等教育大众化，高考已成为相对公平的获得教育资源和社会认可的通道。中国高考不是完美无缺的体制，已遭到诸如“应试教育令学生缺乏创造力”等批评，所以高考制度必须随着社会发展而不断革新，以便在保证其公正公开的本质的同时适应时代发展的需要。

65. 人类保存最完整、最宏伟的古代城墙——西安城墙

作为全国性或地区性的政治、经济、军事和文化中心，城池最能体现城市的建筑设计思想。目前中国保存完好的古代城池已经不多，其中西安古城墙是世界上历史最久远、现存规模最大、保存最完整的古代城垣建筑。

现在的西安古城墙是明代遗物，是明洪武三年至十一年（1370—1378）在唐皇城和元奉元城基础上扩建而成的。经过多次修葺、增建，现存的西安城墙墙高12米，顶宽12—14米，底宽15—18米，周长13.74千米，城内面积11.32平方千米。原有城门四座，分别是长乐门（东门）、永宁门（南门）、安定门（西门）和安远门（北门），后来为了进出方便，又先后开辟了多座城门，目前西安城墙存有18座城门，以及护城河、吊桥、闸楼、箭楼、正楼、角楼、敌楼、女儿墙、垛口等一系列古代城墙相关军事设施。

西安古城墙

中华人民共和国成立后，西安城墙的修复和保护工作曾经走过一段曲折的历程。1950年，西安在恢复城市建设时，为了加快工业建设，有人就提出拆除古城墙的计划。4月7日，作为西北军政委员会代主席的习仲勋主持办公会议，讨论拆除城墙问题。在听取了大家的意见后，他认为当时并没有大的工业建设，仅仅为了修理水路，没有必要拆除城墙，其意见得到大家的赞同。随后，西北军政委员会随即以彭德怀、习仲勋、张治中的名义发出了《禁止拆运城墙砖石的通令》。这一禁令使西安古城墙得以暂时保存。

1958年，“大跃进”运动席卷中国大地，“左”倾之风愈演愈烈，于是又有不少人向政府建议拆除西安古城墙。在6月中旬的讨论会上，拆除的意见占多数。12月25日，西安市作出了拆除城墙的决定。之后，城墙垛口的砖几乎被拆尽，南城墙西段外包砖全部被拆走。拆除西安古城墙，引起了以时任陕西省文化局副局长武伯纶为首的文物保护者的忧虑，他们以陕西省文物管理委员会的名义，直接发电报给国务院，恳请国务院领导予以干预。1959年春夏之交，已担任国务院副总理的习仲勋看到来自西安的电报，立即指示文化部起草报告，要求停止拆除城墙。此举对保留西安古城墙起到了决定性作用。1959年7月22日，国务院发出《关于保护西安城墙的通知》。1961年3月4日，西安古城墙被国务院公布为第一批全国重点文物保护单位。

改革开放以后，陕西省和西安市人民政府又对西安古城墙进行大规模修缮，清理了占用瓮城的单位和居民，修复了东门、北门箭楼，补建了南门闸楼、吊桥，并建成环城公园。这座世界上保留最完整的古城墙得以重放光彩，与护城河、环城公园、环城路一道，为古城西安再添一丝历史的韵味。虽然，西安古城墙基本的防御功能体系已经消失在历史的发展潮流中，但古城墙承载着中国五千年的辉煌历史，蕴含着巨大的文化价值，今天仍然在科教、旅游、体育事业中焕发出新的魅力。例如从1993年开始，西安市政府每年11月都会举办西安城墙国际马拉松赛，参赛路线为绕城墙一周，全程13.7千米。该项马拉松赛事现已吸引了来自60多个国家和地区的马拉松爱好者参赛。

2013年的“一带一路”倡议让西安这座古城再度站到了城市外交的第一线，而西安古城墙作为西安的标志性建筑，成为接待外国政要的重要地点。2014年与2015年，西安古城墙分别接待了时任美国总统奥巴马夫人米歇尔和印度总理莫迪，壮观的古城墙给他们留下了深刻的印象。西安古城墙作为中国建筑文化的历史遗存，纵向记忆着一座城市的脉络与传承，正是由于它的存在，西安城市的发展才具有了历史与文化的延续性和连贯性，而历史与文化的积淀正是一个国家、一个民族长盛不衰的力量所在。

66. 通航里程最长、保存最完整的人工运河——京杭大运河

人类历史上有很多伟大工程，但其中只有很少一部分能够经历漫长的岁月遗留至今，能够在现代社会继续发挥其作用的更是少之又少。而京杭大运河就是少数能够完整保存到现代而且能够继续发挥作用的工程之一，是世界上现存里程最长、工程最大、保存最完整的人工运河。

京杭大运河南起余杭（今杭州），北至涿郡（今北京），途经今浙江、江苏、山东、河北四省及天津、北京两直辖市，贯通海河、黄河、淮河、长江、钱塘江五大水系，全长约1797千米。2002年，大运河被纳入“南水北调”东线工程。2014年6月22日，第38届世界遗产大会宣布，中国大运河项目成功入选世界文化遗产名录，成为中国第46个世界遗产项目。2014年9月，通州、武清、香河三地水务部门签订战略合作协议，京杭大运河通州—香河—武清段有望于2020年正式通航。历时数千年的京杭大运河，在现代仍然能继续被使用，这不能不说是一个伟大的奇迹。

京杭大运河的前身是春秋时期吴国为讨伐齐国而开凿的一条人工河，隋朝时期被大幅度扩修并通航到都城洛阳，同时连接涿郡地区，元朝翻修时放弃了洛阳，改直道南下通向杭州，它从开凿到现在已有2500多年的历史。春秋战国时期开凿运河基本是为征服他国的军事行动服务的，各诸侯开凿运河来运送军队和粮草。到了隋朝时期，为了加强南北

京杭大运河——扬州段

方的经济交流和中央政府对南方的管理，大运河的作用就丰富了起来。几千年以来，京杭大运河以其特有的沟通功能将全国的政治中心与经济重心连接在一起，将不同江河流域的生产区域联系在一起。明朝政府对京杭大运河进行了大规模整修，建立了完善的漕运管理制度，此后600年间，京杭大运河成为真正意义上的南北交通要道，商运繁盛，两岸兴起数十座商业城镇。但随着近现代交通运输技术的不断发展，大运河已经无法继续成为南北方交流的主要途径，开始逐渐被废弃。到了民国时期黄河迁徙后，山东境内河段水源不足，河道淤浅，南北断航。水量较大、通航条件较好的江苏境内一段，也只能通行小木帆船。

到了现代，京杭大运河再度进入世人的视野，大运河的保护也开始提上日程。2005年12月15日，郑孝燮、罗哲文、朱炳仁三位学者联名给运河沿线18城市市长写信，希望加快京杭大运河遗产保护和申遗工作，引起运河沿线城市的积极回应，就此拉开了京杭大运河申遗的序幕。

2006年3月，58位政协委员联合向全国政协十届四次会议提交了一份提案，明确支持“运河三老”的申遗公开信，呼吁启动对京杭大运河的抢救性保护工作，并在适当时候申报世界遗产项目。2006年，京杭大运河被国务院批准列入第六批全国重点文物保护单位名单。2011年4月，在扬州召开“大运河保护和申遗工作会议”，大运河的申遗工作进入倒计时——大运河沿线的北京、河南等8个省35个城市的大运河遗产将整体申报世界遗产，并争取在2014年列入世界遗产名录。2012年，文化部出台《大运河遗产保护管理办法》。2014年6月22日，第38届世界遗产大会宣布，中国大运河项目成功入选世界文化遗产名录，成为中国第46个世界遗产项目。

京杭大运河作为中国历史上一条重要航道，承担起了古代南北方经济文化政治交流的艰巨任务，对运河两岸经济文化的发展起到了极大的推动作用，更是给整个中国的内陆沟通带来了极大的便利。世界文化遗产名录这样写道：“大运河因其源远流长、规模之广，随着其不断的发展和对历史环境的适应而不断发展，成了人类历史上最伟大的水利工程杰作。它提供了人类智慧、决心和勇气的具体证据。这是人类创造力的一个突出例子，展示了直接源自中国古代的庞大农业帝国的技术能力和水文学知识。”

联合国教科文组织对中国所采取的保护措施及效果表示了肯定：“该系列遗产中提出的大运河所有要素在形式和概念、建筑材料和地点方面都具有令人满意的真实性”，“整个系列和个别遗址的真实性条件已得到满足”。未来，中国将继续对京杭大运河进行整体保护，推进合理利用，力求将这一人类文明的瑰宝更久远地保存流传下去。

67. 全球第一大出境旅游客源国

“读万卷书，行万里路”一直以来都是中国人崇尚的提升自我的途径。走出家门旅游，感受不同的自然风光和文化环境已经成为中国人一种普遍的生活方式。随着经济的发展、交通建设的完善，“世界那么大，我想去看看”早就不再是遥不可及的梦想，越来越多的人开始踏出国门，走向世界。2017年中国公民出境旅游突破1.3亿人次，花费达1152.9亿美元。根据文化和旅游部官网2018年发布的2018年国内旅游市场基本数据，中国公民出境游逼近1.5亿人次，继续保持世界第一大出境旅游客源国地位。

从20世纪80年代开始，“出境旅游”在中国开始出现，而此时的旅游范围非常狭窄。1984年开始允许大陆地区居民赴港澳旅游，这就是最初的“出境旅游”。这种出境游的开放点本身也很狭窄，集中在靠近港澳的广东省，而所谓的“出境旅游”也大多是去港澳地区走亲访友。到1987年11月，中国批准边境城市丹东市与朝鲜新义州进行的“一日游”是中国边境游的开端，而后开放的目的地开始沿着国境线向外扩散。中国出境旅游快速发展始于1990年，为了规范出境游的管理，国家有关部委出台了《关于组织我国公民赴东南亚三国旅游的暂行管理办法》。2001年，中国加入世贸组织，中国的出境游从此逐渐成长为一个消费热点，出境旅游目的地不断扩大，发展至菲律宾、澳大利亚、德国、新西兰等国家和地区。根据国家旅游局的统计，目前，中国已经成为泰国、日本、韩国、越南、柬埔寨、俄罗斯、马尔代夫、印尼、朝鲜、南非等10个国家的第一大入境旅游客源地，中国游客在这些国家国际游客中的占比最高达30%。中国也是美国、阿联酋、英国、新西兰、菲律宾、斯里兰卡、加拿大等国家的重要客源国。2017年，中国还成为赴南极旅游的第二大客源国。

中国出境游的发展只有短短的三十几年，却造就了全球最大的出境旅游消费市场。毫无疑问，是中国经济的增长、居民收入的增加和对于了解世界的渴望，促使出境游客这个庞大消费群体的形成。中国出境游能够快速增长，还得益于中国航空设施的高速发展。根据民航局发布的最新统计数据，2013—2017年，中国国际航线由381条增至784条，国际定期航班通航国家由52个增至61个，通航城市由121个增至167个；国际航空旅客运输量年均增长18.8%。2017年，国际航线旅客量达到5544.2万人次，增长7.4%。除此之外，越来越多的国家向中国开放了免签和落地办理签证，截至2018年初，持普通护照的中国公民可以享受入境便利待遇的国家和地区增加到66个，其中包括12个可互免普通护照签证国家，15个单方面允许中国公民免签入境，39个单方面允许中国公民办理落地签证。在中国出境旅游的消费者群体持续增长的同时，出境旅游的消费理念也开始转变，如今的出境旅游呈现出“消费升级、品质旅游”的特征与趋势——旅游者追求更深层次的文化体验。

随着出境旅游业的飞速发展，越来越多的中国游客走遍了世界各地。大量的中国游客就像是一批行走的“中国名片”，他们通过旅游的方式同世界进行文化交流。当前中国大力倡导“文明旅游”，希望出境游客注重约束自身行为。用开放的姿态了解世界，才能向世界传达中国融入世界、推动全球化进程的决心。

68. 世界上最大的遗址博物馆
——秦始皇兵马俑博物馆

秦始皇陵是世界上规模最大、结构最奇特、内涵最丰富的帝王陵墓之一。秦始皇陵兵马俑博物馆，位于陕西省西安市临潼区秦始皇陵园东侧，是建立在兵马俑坑原址上的遗址性博物馆，其核心兵马俑陪葬坑是世界最大的地下军事博物馆，也是秦始皇陵的陪葬坑。秦始皇陵兵马俑被誉为“世界八大奇迹之一”“二十世纪考古史上的伟大发现之一”，它既是中国人民也是全人类的一份珍贵文化财富。

1974年3月，临潼县农民在一片荒野上挖井时偶然发现了一些陶俑残片。后经考古工作者一年多的精心勘探和试掘，发现这里是座规模宏伟的大型兵马俑坑（即一号俑坑），里面埋藏着和真人、真马大小相当的陶俑、陶马约6000件。1975年，根据聂荣臻的建议，李先念副总理主持国务院会议，决定建立秦始皇兵马俑博物馆。国家文物事业管理局局长王冶秋去西安传达国务院的决定，要求陕西省做好博物馆的设计方案。1976年博物馆动工，后来谷牧副总理又决定追加预算。1979年10月1日，在中华人民共和国成立30周年之际，秦始皇兵马俑博物馆正式向国内外参观者开放。该馆建立在一号兵马俑坑之上，面积达16000平方米，成为国内外游客瞩目的文化与旅游胜地。

1986年，为了满足时代的需要，兵马俑博物馆开始进行二期扩建工程。扩建的主要工程是建造二号和三号兵马俑坑遗址大厅，以及文物库房、文物综合陈列厅等20余项配套设施工程。从此秦始皇兵马俑博物馆的建设步入了快速发展的新阶段。如今的秦始皇兵马俑博物馆共有一、二、三号3个兵马俑坑。一号坑是一个以战车和步兵相间的主力军阵，总面积14260平方米，约有6000个真人大小的陶俑；二号坑是秦俑坑中的精华，面积6000平方米，由四个单元组成，四个方阵由战车、骑兵、弩兵混合编组，严整有序，无懈可击；三号坑是军阵的指挥系统，面积524平方米。

秦始皇陵布局缜密、规模宏富，气势空前绝后，具有重大的科学、艺术和历史价值。秦始皇陵兵马俑三个坑内共发掘出10万多件兵器，这些剑、矛、戟、弯刀等青铜兵器虽然埋在土里已有两千多年，但依然刃锋锐利，闪闪发光，表明当时已经有了很高的冶金技术，可谓是世界冶金史上的奇迹。秦俑的塑造是以现实生活为基础的，其艺术手法细腻、明快，手艺精湛，每个陶俑的发式、神态、衣服，甚至战袍的扣子，铠甲的编缀都有细微的差异，这为研究秦代军事、文化和经济提供了丰富的实物资料。1987年12月，联合国教科文组织将秦始皇陵及兵马俑坑列入《世界遗产名录》。

秦始皇陵兵马俑发掘现场

据秦始皇帝陵博物院2013年10月份的统计，该博物馆已接待中外观众近7000万人次，其中包括近200位国家元首和政府首脑。新加坡前总理李光耀是第一位参观秦俑的外国政府首脑，他盛赞秦俑是世界奇迹，是中华民族的骄傲。法国前总统希拉克参观秦俑后赞叹道："世界上有七大奇迹，秦兵马俑可以说是第八大奇迹了。"1979年至2013年间，美国前国务卿基辛格曾先后五次参观秦兵马俑，成为秦俑发现39年以来，唯一一位先后五次参观该馆的世界名人。在最后离开前，基辛格写下留言："中国的辉煌永远不会结束，兵马俑就是中国将会拥有光辉未来的证明。"联合国前秘书长潘基文在2009年7月25日参观秦兵马俑时，用中文留言"人间奇迹，举世无双"。

随着有关秦兵马俑博物馆的新闻报道在世界各地报纸、杂志、电台上频繁出现，邀请秦始皇陵兵马俑到各国展出的电报、信件络绎不绝。

秦始皇兵马俑博物馆一号坑局部

据秦始皇帝陵博物院2013年10月份的统计，秦兵马俑已先后在澳大利亚、日本、瑞典、美国、韩国等40多个国家和地区的80多个城市展出，海外观众超过2000万人次。当秦俑到达北欧的瑞典时，《瑞典日报》以“秦始皇的军队出现在斯德哥尔摩”为题，向全国报道了这一重大新闻。1992年兵马俑到法国展出时，深受法国人民欢迎，法国一家权威杂志发表文章说：“一支从公元前的陵墓中走出来的中国军队征服了法兰西，而它比拿破仑训练的精兵要早两千年。”据统计，截至2018年4月，陕西省文物交流中心接到的外国博物馆邀约兵马俑前去展览的预约计划已经排到了2025年。国际上，很多实力雄厚的外国博物馆亚洲部负责人都以举办过兵马俑展览为荣。秦始皇陵兵马俑不仅代表了中国古代雕塑艺术的精湛工艺，还是中国古代秦文化的象征。可以说，秦始皇兵马俑已成为中国古代辉煌文明的一张金字名片，成为增进国际政治文化交流的友好使者。

69. 世界上第一个既举办过夏季奥运会又将举办冬季奥运会的城市——北京

奥运会是国际奥林匹克委员会主办的世界最大规模的综合性运动会，也是世界上影响力最大的体育盛会。现代首届奥运会于1896年在雅典举行，迄今为止，夏季奥运会已经举办过31届，冬季奥运会举办过22届。2015年7月31日，在马来西亚吉隆坡举行的国际奥委会第128次全会上，国际奥委会主席巴赫（Thomas Bach）郑重宣布：北京、张家口获得2022年第24届冬季奥林匹克运动会主办资格。北京因此成为全世界唯一既举办过夏季奥运会，又将举办冬季奥运会的城市。

2008年北京奥运会会徽

1932年，中国人参加了在美国洛杉矶举办的第10届奥运会。这次被称为“单刀赴会”的参会，中国代表团只有3人，虽然运动员刘长春在预赛阶段就被淘汰，但奥运赛场上终于有了中国人的身影。1948年，第14届奥运会在英国伦敦举行。这一次，中国派出了53人的代表团，结果却是全军覆没。1979年初，国际奥林匹克委员会恢复中华人民共和国会员国资格前夕，邓小平在会见日本共同通讯社社长杜边孟次时，阐述了中国在10年之内举办奥运会的设想，这是中国最高领导人第一次提出承办奥运会的想法。1984年，第23届奥运会在美国洛杉矶举办，在本次奥运会上，中华人民共和国首次参赛。这一次，许海峰在男子手枪慢射比赛中获得本届奥运会首金，实现了中国人在奥运会金牌及奖牌“零的突破”。1990年9月22日，在第11届亚运会的开幕式上，时任国家主席杨尚昆向国际奥委会主席萨马兰奇（Juan Antonio Samaranch）正式表达了中国要申办奥运会的愿望。1991年2月22日，北京市向中国奥运会递交了承办2000年第27届奥运会的申请书。然而，在1993年9月23日蒙特卡洛国际奥委会第101次会议上，北京以两票之差，与奥运会举办权失之交臂。2001年7月13日，北京第二次申奥取得成功，中国成为2008年奥运会的主办方。中国申奥成功，既实现了国人的奥运梦，又是奥林匹克运动在中国的新发展。中国申办奥运成功，终于圆了中国人一个世纪的奥运梦，同时标志着奥林匹克运动在中国又发展到一个新阶段。

2008年北京奥运会传达出中国人有自信向世界敞开大门的理念。“我家大门常打开，开放怀抱等你。”这首以迎接奥运会为主题的歌曲《北京欢迎你》在距奥运会开幕前的100天公开发表，一问世就成了全中国最流行的歌曲。2008年北京奥运会的主题曲《我和你》和主旨“同一个世界，同一个梦想”（One World，One Dream）进一步表明中国不仅希望认识世界，而且希望能够融入世界，建设属于全人类的美好家园。2008年北京奥运会的核心理念是“绿色奥运、科技奥运、人文奥运”，中国人民借助奥运会这个世界公认的“公平、公开、公正”的体育赛事，传达出的是希望能与世界各国同享文明成果，携手共创未来的理想，希望推动建立“人类命运共同体”，建立一个和平而美好的世界。

为了举办2008年奥运会，北京修建了“鸟巢”“水立方”等大型的主要比赛场馆，还使用了国家会议中心击剑馆、曲棍球场、射箭场、网球场、五棵松棒球场、沙滩排球场、小轮车赛场、铁人三项赛场及城区公路自行车赛场共9个场馆为临时性场馆。除了为奥运会兴建的诸多专业的体育赛事场馆，对中国社会影响深远的“志愿者”群体也在北京奥运会前夕逐渐成熟。奥运会的举办，极大地动员了北京各阶层居民，他们踊跃地加入志愿者群体，无私地提供自己的劳动、技术和时间。他们完成大量的工作却不接受报酬，在传播志愿精神的同时，既为奥运赛事提供了充足的人力资源，又大大降低了赛事运行的成本。这些北京奥运会志愿者成为热情友善的中国“名片”，向整个社会传播了奥运精神。

2008年8月8日晚上8时，第29届夏季奥运会在北京举办。开幕式向世界展现了中国追求“和谐”的愿景。《金融时报》评论道，中国给全世界献上了一次“场面宏大、令人惊叹”的奥运会开幕式，充分展示了中国辉煌的历史文明和融入当代世界的胸怀。随后，共有来自204个国家和地区的11000多名运动员参加28个大项的302枚金牌争夺，其中87个国家和地区获得奖牌。中国以51枚金牌居金牌榜首名，是奥运历史上首个登上金牌榜首的亚洲国家。国际奥委会前主席萨马兰奇评价说：“北

国家体育场（鸟巢）

京奥运会是所有奥运会中最好的一届奥运会。在未来应该很少有人可以做到这种程度。这不光是我个人的看法，同时也是绝大部分媒体和国际奥委会的官员们的看法。”

2015年7月31日，国际奥委会主席巴赫在国际奥委会第128次会议上正式宣布北京获得2022年冬季奥林匹克运动会举办权。以此为契机，中国开始推广发展全民性的冰雪运动。2008年北京夏季奥运会在推动相关体育场馆修建之时，也掀起了中国全民健身运动的热潮，这让奥运会真正变成了全民参与的体育盛会。而随着冬季奥林匹克运动会即将在北京举行，推广冰雪运动就成了新的课题。修建冰雪运动场馆需要耗费较高的建设成本。随着近几年社会经济的发展，冰雪运动在中国取得了一定的进步，但与世界冰雪强国相比，中国在竞技水平、民众参与、产业基础等方面仍然有很大的差距。随着冬奥会的不断临近，政府积极推进全国各地结合自然环境、气候条件、社会需求等因素，建设公共滑冰馆、室外滑冰场、滑雪场、综合性冰雪运动中心等场地，希望民众能更便利地参加冰雪项目，让冰雪项目也成为加强全民身体素质的新选择。

奥林匹克精神是属于全人类的精神财富，能够举办奥运会既是对一个国家经济实力的考验，更是体现一个国家精神文明风貌的窗口。北京作为中国迎接世界的窗口举办奥运会，无疑展现了中国人民对世界友善开放的态度。奥林匹克精神完全符合中国人民追求全人类和谐相处，共享人类发展成果的愿望，是展现中国人民努力建设人类命运共同体的最佳体现。

70. 人类首次从北坡登顶珠穆朗玛峰

珠穆朗玛峰是喜马拉雅山的主峰，海拔高达8844.43米。珠峰北坡气候无常，地势险峻，6500米以上有大量冰裂缝和数百米近70度的陡坡，被登山界称为“死亡之路”。在中国登山队成功登顶之前，有一外国的登山队曾七次尝试从北坡登上珠穆朗玛峰，但都以失败告终。1960年5月25日，任中国珠穆朗玛峰登山队突击队长的王富洲，与贡布、屈银华三人历尽艰险，最终完成了人类历史上首次从北坡登上珠峰的壮举。

1956年3月，中华全国总工会组成了中国第一支正式组建的35人的登山队，史占春任队长。中国登山队是在苏联的帮助下建立起来的，最初的训练也是在苏联完成的。1958年下半年，中国和苏联就合作攀登珠峰达成了协议：苏方负责提供器材装备，中方负责修通从日喀则到珠穆朗玛峰脚下绒布寺的300千米的公路。由中苏组织的一支联合探险队将在1959年从北坡登上珠穆朗玛峰。然而到了1958年12月，中苏联合攀登珠峰的计划因故终止。后来中国方面向苏联方面提出，将攀登珠峰计划改在1960年执行，苏联方面却建议推迟到1961年。在中苏关系恶化的背景下，国家体委作出决定，由中国登山队按原定计划于1960年春单独从北坡攀登珠峰。

中国登山队仅仅成立四年就去挑战从北坡攀登世界第一高峰的任

务，与当时的国内外政治环境密切相关：一方面，印度登山队开始攀登珠峰的消息传到中国，我国政府决定要不惜一切代价先登顶；另一方面，中尼双方对于珠穆朗玛峰的归属一直存在争议，1959年尼泊尔在谈判时提出，中国连珠峰都没有登顶，没有理由说珠峰是中国的。在这样的背景下，攀登珠峰的登山队员们肩负了一项庄严的国家使命。

1958—1959年，在两年准备期内，登山队面临着物资匮乏的困难，且由于中苏关系恶化，苏方拒绝继续支援登山计划。为了消除登山队员的后顾之忧，国家拨付登山队70万美元外汇购进全套进口登山装备及建设登山大本营。1960年2月，中国珠穆朗玛登山队正式组成，共有队员214人，其中包括90多名登山队员，他们来自全国各地的各行各业，有工人、农民、解放军、教师、学生、机关干部和科研人员。其中，女队员11名，藏族队员占三分之一，全队平均年龄为24岁。这支登山队于1960年3月19日抵达珠穆朗玛峰山下。从3月25日开始，登山队员在风雪严寒中穿过冰崩和雪崩区域，走在陡滑的冰川地带。登山队经过之前三次高山适应性行军，先后在珠穆朗玛峰海拔5400米、5900米、6400米、7007米、7600米、8100米和8300米的高度，

1960年5月，中国登山队队员在海拔7150米的冰雪坡上行进。

建立起设备优良的低山和高山营地。5月17日，登山队员们从山下海拔5120米的大本营出发，开始了第四次行军。一周后，登山队在珠穆朗玛峰海拔8500米的高度建成了最后一个高山营地——“突击营地”。

1960年5月24日，北京时间9点半，登山队员王富洲、屈银华、刘连满和贡布4人离开营地，准备突击顶峰。大约两小时后，他们抵达了珠穆朗玛峰北坡上著名的“第二台阶”下。“第二台阶”是珠穆朗玛峰传统路线上8680米到8700米之间的一道陡峭的绝壁，相对高度约20米，岩壁的平均坡度为60度到70度。之所以难以攀登，是因为岩壁表层非常光滑，几乎没有任何支撑点。1924年英国登山家马洛里和欧文就在这一带丧失了生命，这个地方因此被外国登山队称为“不可逾越的第二台阶”。当队员们接近第二台阶顶部时，又被一面4米左右的光滑岩壁阻拦。这是通往顶峰的最后一道路程，登山队员沿着第二台阶的平行方向盘旋前进，在其中间地带找到了一道纵向岩石裂缝，刘连满在前开路，他将双手伸进裂缝，脚尖蹬着岩面，但接连四次攀登都失败了，最后他让队友们踏着自己的肩膀登上台阶的顶部。攀升到8700米时，刘连满体力已非常虚弱，于是其他三人决定继续前进。深夜，当他们达到8830米时氧气全部用完。头痛、眼花、气喘等高山反应一起袭来。他们忍受着缺氧和零下30多度严寒的煎熬，经过了近19个小时的攀登，在越过一片岩石坡之后，终于抵达山顶。1960年5月25日4时20分，中国登山队员成功从北坡登上了珠穆朗玛峰，他们把五星红旗插在峰顶，并采集了岩石标本。

中国登山队成功攀登珠峰，是中华人民共和国成立后体育事业蓬勃发展的一个缩影。外国登山队从1921年到1938年的18年间，曾经7次尝试从珠穆朗玛峰北坡登顶，但都未能成功。而中华人民共和国的第一支登山队，只用了5年的时间准备便突破万难，从最艰难的北坡首次登上了世界最高峰。登顶珠峰的成功不仅大大地提高了中国人的民族自信心，也为以后的珠峰科研考察活动奠定了坚实的基础。从首次登顶珠峰至今，中国人探索珠峰的脚步从未停止，老一辈登山家们不畏艰险、顽强拼搏、团结协作的“登山精神”被一代代地传承下来。这种“登山精神”融入中华儿女的血脉之中，激励着中华儿女不断奋发图强，攀登中华民族伟大复兴的新高峰。

敬　告

为使读者对书稿内容有更加直观的认识，本书转载了一些报刊或网络上公开发表过的照片或绘图。由于本书图片作者众多且无具体联系方式等原因，我们无法一一与有关作者取得联系并事先获得他们的授权，在此向有关图片作者深表歉意。看到本书后，敬请有关图片作者或版权拥有人，及时联系并提供足以证明拥有版权的证明材料，以便我们向各位寄送样书和支付相应稿酬。

联系方式：电话0531-82098526（办）

电子信箱qlssfancongcong@163.com